Tónicos que curan

Tónicos que curan

Zumos, *smoothies* y elixires
de última generación para
mejorar la salud y el bienestar

Adriana Ayales

edaf

Título original: *Healing Tonics*

© 2016, por Adriana Ayales
© 2017. De esta edición, Editorial EDAF, S.L.U. Jorge Juan, 68. 28009 Madrid, por acuerdo con Sterling Ethos, Nueva York, una división de Sterling Publishing Co., Inc., representados por Ute Körner Agencia Literaria, S.L.U., calle Aragó, 224, 08011 Barcelona
© De esta traducción, Mamen Escudero Millán

Diseño de cubierta: Susan Walsh

Créditos de fotografías: www.jenniferharter.com
    Foto pág. 95 por Lillian Przedecki; foto pág. 98 por Camila Jurado; foto pág. 172 por Dillon Tisdel

Editorial Edaf, S.L.U.
Jorge Juan, 68. 28009 Madrid, España
Tel. (34) 91 435 82 60
www.edaf.net / edaf@edaf.net

Algaba Ediciones, S. A. de C.V.
Calle 21, Poniente 3323, Colonia Belisario Domínguez
Entre la 33 Sur y la 35 Sur
Puebla 72180, México
Tel.: 52 22 22 11 13 87
jaime.breton@edaf.com.mx

Edaf del Plata, S. A.
Chile, 2222
1227 Buenos Aires, Argentina
edaf4@speedy.com.ar

Edaf Chile, S. A.
Coyancura, 2270, oficina 914, Providencia
Santiago - Chile
comercialedafchile@edafchile.cl

Primera edición: octubre de 2017

ISBN: 978-84-414-3785-2
Depósito legal: M-24255-2017

PRINTED IN SPAIN   IMPRESO EN ESPAÑA

COFÁS, S. A. - Móstoles (Madrid)

Este libro está dedicado, con todo mi corazón, a mi familia.
Todos vosotros me habéis guiado y habéis alimentado
mi alma más allá de toda medida.
A mi amado compañero y a nuestro pequeño hijo, que continuarán
difundiendo la magia contenida en las plantas y hierbas medicinales,
y a todos los aficionados a su uso y su conocimiento,
que día a día muestran las ancestrales vías que conducen
a la consecución de una vida en armonía con la naturaleza.

Índice

Introducción:
Conviértete en tu propio médico

Crear y vivir un sueño precisa de mucho más esfuerzo de lo que pensaba. Día tras día, dedicar el tiempo necesario, la atención y la pasión debidas a manifestar los propios deseos interiores es probablemente una de las experiencias más extasiantes e intensas que pueda sentirse. Hacer lo que realmente deseamos requiere una completa entrega a la misión que cada uno de nosotros debemos compartir con los demás. A lo largo del tiempo he podido comprobar que cuando las personas trabajan con el corazón, se llenan de una energía que las hace grandes, de modo que todo lo que se debe hacer fluye sin obstáculos.

Procedo de un lugar en el que la despensa de la cocina es también el armario de las medicinas. Los superalimentos y los productos vegetales que se pueden encontrar en la selva inspiran de manera natural una extraordinaria calidez. El propio terreno, con una riqueza de nutrientes fuera de lo normal, evoca emociones conmovedoras. En él crece una ingente variedad de plantas, frutos y alimentos que pueden enriquecer cualquier cocina con su enorme dotación de propiedades naturales. En el entorno de la selva tropical incluso la más común de las hierbas habituales, en el más humilde de los patios, puede convertirse en el futuro antídoto de algunas enfermedades graves.

Me siento afortunada por haber crecido en la selva. La rebosante energía de Costa Rica me enseñó toda la magia y los milagros que la naturaleza nos proporciona. En la despensa de las cocinas de este ambiente selvático no puede faltar una abundante selección de apetitosas frutas, exuberantes flores, especias de los más variados colores y sabores y deliciosas verduras y hortalizas. El espectro de posibilidades es infinito. Al proceder de una estirpe de apasionados costarricenses, con un importante componente de herencia libanesa, puede decirse que estaba predestinada a tener una vida caleidoscópica. Desde muy joven me sentí atraída por una búsqueda espiritual orientada de manera constante hacia la consecución de respuestas sobre los misterios de la naturaleza. Mi misión en el ámbito de la práctica medicinal cristalizó en mí a través de las enseñanzas de mi abuela, transmitidas progresivamente desde el principio de mi juventud. Ella fue sin duda una figura clave en el desarrollo de mi intuición. Una serie de prácticas que aprendí a utilizar desde muy joven me sirvieron para desvelar toda una serie de secretos ocultos sobre nuestra herencia. Abordamos una amplia diversidad de prácticas intuitivas y meditaciones psíquicas que me permitieron profundizar en el misticismo de la curación. Creo firmemente que el acceso a la sabiduría innata de nuestro cuerpo mediante la práctica nos asegura el desarrollo del don de la visión intuitiva relacionada con los procesos internos de la naturaleza.

Mientras crecía iba aprendiendo influencias de curanderas (mujeres dedicadas al ejercicio de la medicina popular) y yogis. Fui tomando contacto con conocimientos sobre curación mediante imposición de manos, fitoterapia, tradiciones etnobotánicas, sanación espiritual y cocina terapéutica. A medida que iba practicando una voz en mi interior se hacía más y más intensa y yo me limité a escucharla y a seguir sus indicaciones. La concentración en una vida plena y holística, favorecida por el uso de la fitoterapia, se convirtió en mi objetivo vital.

Generalmente, no suele ser accidental el hecho de que, de pronto, nos encontremos en entornos en los que el espíritu natural interno fluye hacia el exterior en un determinado momento y lugar. En mi caso concreto la ciudad de Nueva York es, ciertamente, uno de los últimos lugares del mundo en el que pensaba que podría vivir.

El hecho de experimentar en persona el contraste de ambas selvas, la tropical y la urbana, me fortaleció de un modo que no esperaba. Aunque vivía en la ciudad con frecuencia salía a los campos del norte del estado de Nueva York, para recuperar el contacto con la naturaleza. Allí trabajaba en una cocina terapéutica de un centro de retiro. Cuanto regresaba a la gran ciudad continuaba mi práctica privada como fitoterapeuta en Brooklyn. Mientras atendía a muchas personas día tras día, compartiendo con ellas sus padecimientos y sus necesidades, desarrollé una serie de fórmulas básicas que ayudaban a afrontar las dolencias más frecuentes y que se orientaban a tratar las sintomatologías más habituales en el mundo de hoy: desde migrañas a trastornos digestivos por exceso de estrés, alergias estacionales, casos de intoxicación, insomnio o pérdida de peso.

Poco después creé una empresa de fitoterapia destinada a la comercialización de supertónicos y fórmulas basados en plantas propias de la selva tropical, destinados a favorecer la vida plena e intensa. Anima Mundi Herbals se convirtió en la manifestación material de mi intención de traer las tradiciones botánicas de la selva tropical al mundo moderno, por medio de una línea de productos que transmitiera la ancestralidad y la pureza de estas prácticas. Era emocionante comprobar cómo respondían las personas y asistir a sus experiencias de curación cuando tomaban los preparados que elaborábamos. Era realmente asombroso ser testigo de los auténticos milagros y las radicales transformaciones que se producían al adoptar este estilo de vida y al integrar la práctica fitoterapéutica en la vida diaria. Unos dos años más tarde abrí Botica, una moderna farmacia natural y tienda de zumos prensados en frío, pensada para integrar los preparados a base de plantas medicinales de la selva en la dieta a base de zumos, batidos, *smoothies* y alimentos naturales.

Mi trabajo como fitoterapeuta, cocinera terapéutica y practicante de la medicina natural me ha enseñado la importancia de preservar y recuperar las enseñanzas del saber botánico ancestral, que constituye una parte esencial de nuestra historia. Mi objetivo es incorporar estas poderosas recetas y preparaciones favorecedoras de la longevidad a la práctica curativa y enseñar a los demás cómo integrarlas en la cocina actual. Este libro se plantea como meta la protección de las esencias del saber antiguo y proporcionar una guía que, paso a paso, enseña a integrar los alimentos que se toman a diario y muestra el poder del bienestar que proporcionan los preparados de plantas y frutas medicinales.

En el libro pueden encontrarse recetas tradicionales basadas en las tradiciones de las selvas tropicales, en particular las de Costa Rica y las de la cuenca amazónica. A medida que se progresa en el conocimiento de las sucesivas preparaciones se van descubriendo las distintas maneras en las que la belleza que atesoramos dentro de nosotros fluye al exterior por medio de la dieta, los hábitos o ritos y el estilo de vida de cada uno de nosotros. Asimismo, a través de esta lectura es posible comprender el esencial papel que desempeñan los energéticos superalimentos, los tónicos a base de preparados vegetales medicinales y la psicología diaria de la longevidad.

Las preparaciones que se presentan a lo largo de estas páginas son expresiones de la cultura, las gentes y la tradición del uso curativo de las plantas medicinales y los superalimentos. La mayor parte de los ingredientes que aparecen en este libro responden a pautas que se han reverenciado durante décadas como componentes esenciales de la vida sana. He creado estas preparaciones inspirándome en la magia de las selvas tropicales, con el objetivo último de proporcionar un medio de potenciación de la vida plena y saludable, basado en ancestrales tradiciones sagradas.

PARTE UNO

La nutrición
de la próxima generación

FUNDAMENTOS

1

El poder de las plantas medicinales

Es por todos conocido el hecho de que las plantas medicinales fomentan el bienestar. De hecho, el origen de la palabra *droga,* que actualmente ha sufrido una evolución semántica, pero que tradicionalmente se utilizaba para hacer referencia a todos los medicamentos, es el término holandés *droog,* utilizado para designar las hierbas secas. Las plantas medicinales crecen en todos los lugares del mundo y su historia es tan antigua como la de las primeras especies vegetales que poblaron la Tierra. Tanto en las tradiciones ancestrales orientales como en las occidentales las plantas medicinales han constituido siempre un componente esencial de los cuidados de salud tradicionales.

En las culturas orientales, al igual que en las culturas autóctonas de Centroamérica y Sudamérica, la existencia de complejos sistemas botánicos demuestra la presencia de todo un amplio conocimiento científico enraizado en la cosmología de la curación en cada civilización. Las diferentes culturas estudiaron en profundidad las plantas medicinales, puntualizando sus propiedades y sus capacidades a lo largo de miles de años de meticulosa investigación.

Las más primitivas referencias escritas del uso humano de plantas medicinales se remontan al tercer milenio anterior a la Era cristiana. Entre los escritos más antiguos cabe citar los de la tradición ayurvédica de la India y los textos chinos que ilustraban la mitología y la respuesta psicosomática del cuerpo humano ante cada especie vegetal. Tanto en sus tradiciones orales como en las escritas cada cultura estuvo imbuida desde la más remota antigüedad de conocimientos sobre el notable poder curativo de las plantas. Cada una de tales tradiciones elaboró una cosmología de la curación en la que el cuerpo era considerado como un todo integral, en el que se vinculaban los principios cósmicos y los aspectos internos como fuentes primarias que originan cambios en el organismo. Estos sistemas tan profusa y profundamente desarrollados no necesitan ser perfeccionados, sino transferidos y adaptados a la sociedad actual de las formas más activas.

La mentalidad occidental ha modificado este planteamiento integral y ha dado lugar a la generalización de un error de fondo fundamental consistente en el arraigo de la tendencia a tratar la enfermedad más que al paciente. Si los fármacos se prescribieran atendiendo a la sensibilidad y la naturaleza individual de cada paciente, como sucede en las tradiciones orientales, gran parte de los efectos secundarios podrían evitarse.

CUERPO, MENTE
Y PLANTAS MEDICINALES

Algunas personas consideran que el conocimiento científico que atesoran las técnicas de curación tradicionales no está tan perfeccionado como el de la medicina actual, cosa que, según mi criterio, carece de sentido. Si analizamos los orígenes de la medicina de nuestra época, comprobaremos que incluso prácticas médicas modernas de notable grado de complejidad tienen sus raíces en la ciencia prehistórica, la ciencia de la naturaleza. La principal diferencia entre las técnicas curativas del pasado y las de nuestros días radica en el hecho de que nuestros ancestros no separaban los elementos psicoespirituales de los científicos.

La auténtica farmacología, según fue estudiada por los mayas, los egipcios, los chinos y otros pueblos de la antigüedad, integraba el corazón y la mente en los estudios empíricos. No era una cuestión de creencias; se trataba simplemente de reconocer como hecho indudable que, en la naturaleza, los cuerpos espiritual y físico, estaban interconectados en uno solo y ambos debían ser abordados. Se trataba de un planteamiento esencial en absoluto cuestionable puesto que, de hecho, cuando no se tomaba en consideración esa unión, quienes se dedicaban a la práctica de la medicina no podían elaborar preparaciones ni recetarlas a los enfermos.

Las plantas existen para transmutar la luz en vida y los seres humanos existen para transmutar la vida en conciencia y amor. Estas tres propiedades —luz, vida y amor— son una sola. Cada una de ellas es expresión de la otra. Se trata de tres dimensiones de una misma existencia. Las plantas transmutan la luz en vida mediante la fotosíntesis. Los seres humanos transmutan la luz en conciencia a través de la percepción. Por medio de la percepción directa quien ve es visto y quien observa es observado. La asunción de este principio básico como fundamento de nuestro bienestar nos permitirá captar la verdadera significación de la farmacia de la que podemos disponer en la cocina.

Kidneys and ears are shaped simi-
-bryo. The embryo and the later
fetus, grows in the water medium, through which sound travels to its
developing ~~area~~ears.

" Within the Kidneys, 'essence'
all that is secluded and dormar
their condition is disclosed in th

adrenal gland

vena cava

aort[a]

bladder

Kid[ney]

we
ing + f
clears
a flex.
I[n]
are
th[e]
a
to
is a
seat of the
as coming from

In traditional Chinese medicine, problems of the ears & hearing
way reflect a water element disharmony. [kid]neys govern the storage of the life
marrow. People with bone problems while healthy bones are a healthy
[lif]e, "I feel it in my bones", or "She cries [r]elationship of the bones to deep emotional
good time to seek deeper and more [to] get to those meaningful and emotion-

[r]elates to the sexual organs and the [kidne]y. It rules over the genital and
[th]e urethral and the anal orifices. The [ ] affects the energy flow during the
[ ] the function of the reproductive organs, [wa]ter in the body. Sexual fluids help
[s]perm and the egg. An excess of sex & [ ]as, a lack of expression of sexual
[ ] Kidneys as well as the water balance. [r]equires giving and receiving, ying + yang,

[me]ridians of the body has the energy [do]minantely 2hrs a [day each meridian]
[fr]om each day.
[mo]tion, it has
[p]rimarily
[g]ravitational
[ ] expan-
[th]e moon
[ti]des) and
[ ] body +
[ ]n, the
[ ] principle,
[ ]s — the hidden
[ ]onal. Like the
[th]oughts and floods

ambition. Other organs of eliminatio[n]
are lungs, large intestine, and the s[ ]
toxins poorly or have too much to handle
harder to help clear waste; skin rashe[s]
Naboru Muramoto feels strongly abo[ut]
ted from the stress of toxic chemicals
This can lead to poor clearly, resulti[ng]
(excess fluid volume) placing extra wor[k]
[c]hemical additives stiffens the vasc[ ]
high blood pressure and weakening t[ ]
To evaluate the health of the
color, clarity and tone of skin. Bluis[h]
a water imbalance. The presence
from the vital "life-force" in the [ ]
[indi]cator; examine the texture + fullness

2

Antiguas tradiciones de elaboración de zumos

Hasta el comienzo del desarrollo de la agricultura, hace unos 10.000 años, todos los seres humanos obtenían su alimento mediante la caza, la recolección de vegetales y frutos silvestres y la pesca. La obtención de las plantas silvestres, la caza, la pesca o la preparación del alimento constituían partes integrales del ciclo de la alimentación, que constituía una realidad esencial del día a día.

En los primeros textos históricos registrados, la mayoría de las referencias a las antiguas técnicas de elaboración de zumos se relacionan con la fabricación del vino y con la depuración y el ayuno tomando solo líquidos. En numerosas civilizaciones utilizaban las dietas líquidas y los métodos de depuración con líquidos como medio de potenciación de la práctica espiritual y la conexión con los dioses. La mayor parte de la tecnología utilizada para elaborar los zumos consistía en exprimir las frutas, bien a mano o bien mediante dispositivos exprimidores. Las fuentes históricas reflejan que cuanto más pura y menos filtrada o modificada esté la fruta, mayores serán los beneficios y los resultados terapéuticos.

EL TORNILLO: LA PRIMERA PRENSA

En tiempo de los antiguos griegos todas las máquinas simples ya se habían inventado, excepto una. La última de las máquinas simples en desarrollarse fue el tornillo. Este está basado en otra máquina simple, el plano inclinado, pero tiene la ventaja de generar una cantidad masiva de fuerza por medio del movimiento circular. Este sencillo mecanismo permite elevar cargas muy pesadas, construir casas y embarcaciones, pero también construir prensas para exprimir zumos.

Una de las aplicaciones más importantes del tornillo en la antigüedad fue la prensa de tornillo. Este dispositivo combinaba dos máquinas simples, el tornillo y la palanca, para aumentar la fuerza. Los antiguos utilizaban este tipo de prensas fundamentalmente para extraer el zumo de las uvas o mosto y el jugo de las aceitunas para obtener aceite (sin duda el vino y el aceite de oliva son dos de las grandes cosas de la vida). Este sistema en particular no utilizaba calor para extraer más aceite o más mosto, por lo que dio lugar al proceso que conocemos como *prensado en frío*.

CARGADO DE ENERGÍA
Champiñón crudo

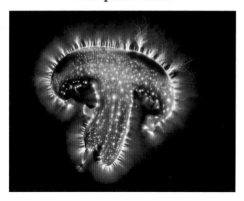

DESCARGADO DE ENERGÍA
Champiñón cocinado

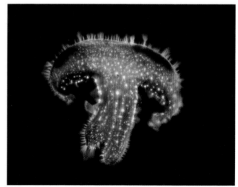

EL PODER DE LOS ZUMOS PRENSADOS EN FRÍO

La mayor cualidad de los zumos prensados en frío es que se trata de los líquidos más perfectos desde el punto de vista biológico. Son muchos los que consideran que la incorporación de calor a la elaboración de los zumos es lo que destruye las enzimas vivas y las estructuras químicas que son esenciales para el sistema digestivo humano. La vitalidad que se ha podido constatar en un zumo prensado en frío no tiene parangón. Si se compara con los zumos en los que se induce calor, como los que se preparan con electrodomésticos basados en la fuerza centrífuga, los prensados en frío presentan un perfil nutricional abrumadoramente superior.

Cualquier temperatura que supere los 48 °C modifica los componentes químicos de cualquier alimento, principalmente debido a la alteración de los factores enzimáticos. Las enzimas son los compuestos que transforman el microbioma. Facilitan la continua renovación intestinal y, básicamente,

ayudan a evitar en todo momento el estancamiento de la función digestiva. Las enzimas son pequeñas proteínas que tienen la capacidad de conocer a qué parte del cuerpo han de ser enviados los nutrientes en cada circunstancia. Sin las apropiadas fuentes de enzimas (plantas medicinales, alimentos de origen vegetal crudos), nuestro organismo comienza de inmediato a acumular materiales indigestos. Ello genera estados patológicos, desequilibrio, inflamación, estrés digestivo y fatiga. Las enzimas están presentes en todas las células del cuerpo humano. Cada una de las partes de nuestro organismo tiene el potencial de convertirse en una pila completamente cargada que atesora miles de enzimas. El secreto para desbloquear algunas de estas enzimas en estado latente radica en los oligoelementos, compuestos presentes en su mayor parte solo en los superalimentos y las superplantas medicinales.

Los zumos de vegetales crudos prensados en frío son milagrosos portadores de sustancias medicinales. El jugo puede actuar como transmisor enzimático que proporciona un extraordinario nivel de mineralización a partir de los componentes medicinales que se le incorporan. Cuanto mayor es la riqueza del vehículo al que se le añaden los componentes medicinales, mayor es el grado de refuerzo de la función enzimática, de vitalidad y de perfecta asimilación de los complejos procesos químicos que se producen en el seno de estas bebidas tonificantes. A mayor potencia del portador, es decir, del zumo, mayor será también la profundidad a la que penetren los componentes medicinales en los tejidos y en los órganos. Nuestros antepasados combinaban las plantas medicinales con los alimentos, y consideraban que esa combinación constituía un elemento básico en la preparación y el cocinado de los platos. Con el tiempo estas plantas pasaron a conocerse como especias. Sin embargo, aunque algunas hierbas influían sensiblemente en los perfiles de sabor de las preparaciones que se elaboraban, cabe considerar también otro grupo de plantas que no son tan aromáticas como las especias de uso común, si bien sí resultan esenciales para potenciar los aspectos nutricionales o saludables de los alimentos, por lo que también quedan encuadradas en el conjunto de las especias, con independencia de cuál sea el propósito de su uso. Por ejemplo, en la cocina centroamericana, era habitual agregar unas hojas de epazote a los frijoles, con objeto de prevenir la producción de gases intestinales, facilitar su digestión y aportar una sustancial protección antibacteriana al organismo. Aunque el epazote es también conocido por su penetrante sabor, de matiz anisado, se añadía a los alimentos fundamentalmente por sus propiedades saludables. Hay otras muchas *especias* de este

tipo que se han incorporado a la práctica culinaria por motivos similares: en definitiva, la adición de plantas aromáticas y medicinales a nuestros alimentos y nuestras bebidas no hace más que reforzar la capacidad de desarrollo de nuestro organismo.

VIDA CRUDA

En sus primeros tiempos sobre la Tierra el género humano subsistió fundamentalmente comiendo vegetales crudos y carne cruda. La dieta del hombre prehistórico constaba mayoritariamente de vegetales de hoja, frutos secos, semillas, raíces, hierbas y frutos. que eran los alimentos más fáciles de obtener. Son frecuentes las controversias en relación a si, en origen, los seres humanos eran carnívoros, herbívoros u omnívoros. Lo cierto es que los humanos podemos alimentarnos prácticamente de cualquier cosa. Nuestro sistema digestivo es capaz de procesar cualquier alimento que deseemos. Independientemente de las opciones alimentarias o de que se siga un determinado plan dietético, la comida afecta al modo en el que pensamos, sentimos y nos comportamos. Cuando el discernimiento entra en el campo de las opciones alimentarias, tiene lugar una significativa transformación física y espiritual. La nutrición real y saludable a base de productos vegetales crudos siempre ha existido como opción y siempre está a nuestra disposición inmediata en la naturaleza. Este simple hecho nos indica que cuanto mayor sea el porcentaje de alimentos sanos que consumamos mayor será la posibilidad de que nos sintamos pletóricos y llenos de vida.

La cocina como espacio sagrado

Si el hogar fuera un cuerpo, la cocina sería el aparato reproductor.
DEEPAK CHOPRA

La cocina es un espacio muy íntimo. En ella encontramos un conjunto integral de medios que nos permite crear la más completa nutrición para nuestro cuerpo. La calidad del espacio en el que preparamos nuestros alimentos es tan fundamental como la calidad de los ingredientes que utilizamos para elaborarlos. Los espacios bellos y confortables. que pueden considerarse una especie de santuario, tienen el potencial de generar el máximo grado posible de magia curativa y nutritiva. La cocina podría compararse con un altar en el que las oraciones y las manifestaciones se traducen en la consecución de aquello que sirve para proveer de energía al cuerpo. La limpieza del lugar y la elaboración de los alimentos sirve para integrarse con todo aquello que eleva la propia conciencia.

Nuestra cocina no tiene por qué tener el mismo aspecto que las demás. Convirtámosla en un entorno que sintamos como realmente propio: flores, incienso, cuadros, cristales, frutas... ¡cualquier cosa vale! Hagamos que sea el lugar en el que deseemos estar. Prometemos que nuestra vida puede cambiar. Esta sencilla práctica de *mindfulness* asociada a la elaboración de los alimentos y de su carácter curativo y medicinal puede aumentar la autoestima, hacer que el hogar sea más apacible e incluso hace que se reduzca el nivel de cortisol, la denominada *hormona del estrés*.

Si se orienta la atención y la concienciación hacia el hecho de que el hecho de alimentarse es una comunión sagrada con el propio yo y la propia naturaleza, de inmediato surge un impulso de longevidad de la vida. Conviene pensar en ello. Si el alimento es nuestra medicina, aquello que nos cura, el lugar que se prepara y se elabora adquiere la máxima importancia. En numerosas culturas ancestrales el encargado de la elaboración de la comida y la bebida para la comunidad es uno de los miembros más respetados de la misma. A esa persona le compete la misión de crear una ofrenda divina para todos, para el goce y el disfrute en un entorno imbuido de un espíritu celestial.

Volviendo a la Tierra, podemos comenzar por ocuparnos realmente de nuestra cocina, por preguntarnos qué necesita y qué podemos hacer para perfeccionarla.

EVOLUCIÓN CÓSMICA

En la vida del microcosmos de una planta

*Corona/
Frente
Éter
5*

PLANETAS = ESPÍRITU
Principal motivación de la fuerza cósmica

*Corazón/
Garganta
Aire
3*

FLOR = ALMA
Depura el entorno psíquico

*Ombligo
Fuego
1*

HOJA = MENTE
Atrae la fuerza de la vida cósmica, *qi*

*Plexo
sacro
Agua
4*

SEMILLAS-RAÍCES = CUERPO
Integra la huella estructural del organismo

*Raíz
Tierra
2*

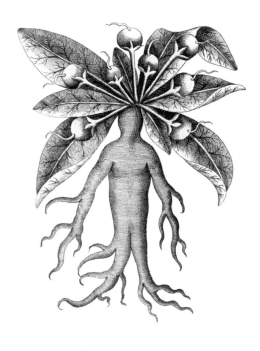

EL DIAGNÓSTICO DE LA COCINA

Limpieza y orden: ¿Está desordenada? ¿Es demasiado aséptica? ¿Hay en ella demasiadas cosas? Existe una clara conexión entre una cocina limpia y ordenada y el propio bienestar. Existen estudios que demuestran que una cocina ordenada y limpia puede hacer que disminuyan realmente los niveles de estrés.

Espacio: Es necesario valorar si la cocina es pequeña o grande. Si no se vive solo es asimismo importante estimar en qué medida se comparte su uso.

Con independencia del espacio con el que contamos, es preciso que los elementos imprescindibles se dispongan de modo que se optimice su funcionalidad. Si la cocina es pequeña, es conveniente que en ella esté a mano solo lo que se utilice en el día a día de manera sistemática. En este caso todo aquello que no se suele emplear a diario, o ni siquiera de manera ocasional, puede guardarse o desecharse. Cuando la cocina es grande conviene, en cambio, intentar no acumular demasiados objetos y utensilios innecesarios, dejando espacio solo para los preferidos y los que se consideran imprescindibles.

Ingredientes y alimentos disponibles:
¿Cuánto tiempo ha pasado en la despensa cada uno de los ingredientes y productos que guardas en ella? ¿Tienes la nevera llena de frutas, verduras o carnes frescas? ¿O en tu despensa predominan los alimentos enlatados y las conservas? ¿Es habitual en tu cocina la abundancia de alimentos e ingredientes o suele estar vacía con más frecuencia? ¿Cuáles son los productos y alimentos que nunca faltan en tu despensa y en tu frigorífico?

Creatividad: ¿Hay a la vista objetos que puedan servir de inspiración en algún momento? ¿Imágenes artísticas? ¿Plantas? ¿Cristales sanadores? ¿Sueles recibir invitados para comer o cenar de manera habitual? ¿Disfrutas haciéndolo? Crear un entorno acogedor para quienes te visitan es una buena manera de hacer que se mantenga el ambiente que deseas en tu cocina. Al generar una atmósfera agradable y al preparar platos que sabes que les encantarán a tus amigos o familiares, estarás dotando de vida a ese entorno, al tiempo que haces lo necesario para agradar a quienes te visitan. A menudo la preparación de estas comidas o cenas en común sirve para comprobar si es posible que mantengamos para con nosotros mismos ese mismo nivel de dedicación en el día a día.

Limpieza espiritual: ¿Con qué frecuencia procedes a la limpieza energética de tu hogar? ¿Utilizas ramilletes de salvia o de otras hierbas para purificar el ambiente? Mantener la cocina limpia y ordenada es imprescindible. Sin embargo, a veces nos olvidamos de llevar a cabo periódicamente una limpieza energética, tanto de la cocina como del resto de la casa. Con ello se consigue crear un entorno de *feng shui* armonioso en la vivienda y conservar un ambiente purificado en ella. Los ramilletes de salvia, palo santo, enebro y otras hierbas sagradas limpian la energía y generan una atmósfera realmente saludable. También hay agentes purificadores del aire, de fuerte poder antibacteriano, que son conocidos por su eficacia en la erradicación de las energías negativas estancadas. Tanto si se procede con periodicidad semanal a la limpieza espiritual del hogar como si no se tiene por costumbre, siempre es recomendable efectuar una minuciosa limpieza energética de la casa y del propio cuerpo de cuando en cuando.

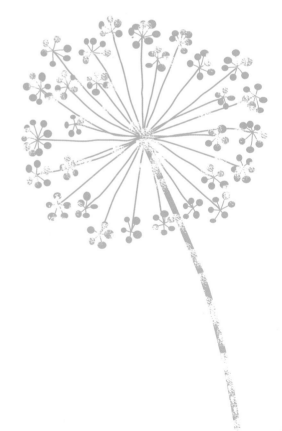

Superalimentos y superplantas medicinales: la alimentación y la medicina del futuro

Una nueva vida está naciendo en el mundo de la nutrición. Cada vez son más y más las personas que se sienten atraídas por los nutrientes y los alimentos de nueva generación. Es creciente el interés por los múltiples beneficios de los alimentos orgánicos y de los suplementos naturales. Nos estamos aproximando a una masa crítica de consumidores que está cambiando sus tendencias de compra, orientándolas a la adquisición de productos locales puros y orgánicos. Lo que hasta hace poco era la tendencia innovadora y exclusivista del mundo de lo orgánico y los *superalimentos,* en la actualidad es una realidad consolidada compartida por personas de todo tipo y que intervienen en todas las facetas de la vida. Una vez que las pautas vitales basadas en los principios de lo orgánico se han establecido de manera firme, son cada vez más las personas que recurren a los *superalimentos* y las *superplantas* medicinales para agregar un elemento saludable y curativo de mayor significación a su dieta.

Los *superalimentos* conforman un poderoso grupo de alimentos que presentan, como mínimo, una docena de propiedades singulares y específicas de las que carecen los alimentos de uso más tradicional en nuestra sociedad. No obstante, su utilización fue contemplada durante siglos por sus efectos medicinales tónicos y pueden ser consumidos en condiciones plenamente seguras a diario. Por ejemplo, las bayas de goji presentan destacadas cualidades relativas a la purificación de la sangre y la mineralización, extraordinarias propiedades de depuración hepática y una composición química de singulares efectos contra el envejecimiento, por no hablar del ingente aporte de antioxidantes que su uso conlleva.

Por su parte, las llamadas *superplantas medicinales,* presentan propiedades supertónicas y adaptógenas incluso superiores, de extraordinaria capacidad curativa. Estas *superplantas* pueden incorporarse sin problemas a la dieta diaria, a diferencia de lo que sucede con otras de las líneas de referencia en el campo de los tratamientos de fitoterapia, si bien tienden a incorporarse a la dieta en dosis bajas, debido a la intensidad de su poder tónico. Un ejemplo de tal potencia es el hongo reishi, que refuerza las funciones del sistema inmunitario, el corazón, el pulmón y el riñón, al tiempo que contribuye a rejuvenecer el tejido cerebral y el conjuntivo.

Vivimos tiempos de sustancial abundancia y gracias a los avances de la tecnología podemos tener acceso a las más insólitas y potentes plantas medicinales que la naturaleza nos ofrece. Es quizá la primera vez en la historia humana que podemos tener acceso a las plantas y alimentos de mayor poder curativo originarias de cualquier parte del mundo. Aunque los problemas que acechan a nuestra sociedad pueden resultar abrumadores estamos al mismo tiempo progresando como comunidad global, tendiendo a una mayor autoconciencia, a una orientación espiritual más pronunciada y hacia una concepción de la salud más integral. Realmente estamos en condiciones de transformarnos en una clase distinta de seres humanos que ven facilitado su acceso a los más pretéritos conocimientos y que disponen de las máximas propiedades nutricionales de una vasta gama de milagrosos alimentos y plantas medicinales.

SUPERALIMENTOS

Un superalimento es una sustancia tanto nutritiva como medicinal, dotada de una composición química de notable potencia y con alto contenido en supernutrientes. Su poder nutricional y curativo es superior al de los alimentos tradicionales, debido a su capacidad para aumentar de inmediato la fuerza vital y la energía del cuerpo.

Los superalimentos son sabrosos, están conectados a la energía de la Tierra y proporcionan una nutrición esencial para los principales sistemas orgánicos. La composición química, poderosa y concentrada, excede las necesidades nutricionales diarias de diversos elementos de la dieta, tales como vitaminas, minerales y proteínas. Se trata de alimentos que nos aportan nutrición a nivel celular proporcionándonos una energía vibrante que enriquece todo nuestro cuerpo.

Los *superalimentos* han demostrado su capacidad para conseguir que el cuerpo recupere suavemente su alineación, prestando apoyo al restablecimiento de su constitución original.

Son alimentos que se encargan del mantenimiento del equilibrio corporal y regulan las concentraciones de azúcar en sangre (glucemia) durante periodos prolongados, asegurándose de que disponemos de suficientes reservas de minerales y favoreciendo un continuado proceso de desintoxicación.

En realidad son innumerables los nutrientes que están presentes en los productos vegetales que se consumen habitualmente y que nos reportan infinidad de beneficios adicionales, muchos de los cuales todavía son desconocidos.

Como consecuencia de la progresiva pérdida de nutrientes en los alimentos convencionales, incluso contando con la masiva producción de productos orgánicos, es importante que continuemos abriendo nuevos caminos con objeto de conseguir vivir una vida realmente saludable y equilibrada.

Los *superalimentos* han contribuido a la consecución de este objetivo global, proporcionándonos un medio para recibir ese mayor potencial nutritivo que nuestro organismo demanda como derecho básico. Como consecuencia de todo ello, ahora que los *superalimentos* pueden hallarse incluso en tiendas de alimentación estándar, es necesario que pasemos al siguiente nivel, a fin de optimizar las condiciones de nuestro equilibrio.

SUPERPLANTAS MEDICINALES

El milagroso conjunto de especies botánicas a las que se conoce como *superplantas medicinales tónicas* está constituido por productos de efecto curativo que pueden tomarse a diario con los alimentos. De las aproximadamente 40.000 especies vegetales de efecto medicinal que existen en el mundo unas 80 pertenecen a esta categoría. Las plantas tónicas son adaptógenas, lo que significa que se trata de especies que ayudan al organismo a adaptarse al estrés, refuerzan sus funciones metabólicas y restablecen su equilibrio. Son conocidas por ser poderosas fuentes de resistencia a los efectos de los factores generadores de estrés físico, biológico, emocional y ambiental y por proporcionar mecanismos de respuesta al estrés, tanto agudo como crónico. Conforman una categoría de especies vegetales con una reconocida capacidad para restablecer los niveles de hormonas endocrinas (entre las que se cuentan las segregadas por las glándulas suprarrenales, las glándulas tiroides y paratiroides, la hipófisis, el páncreas y los órganos reproductores), así como para modular el sistema inmunitario y para permitir que nuestro cuerpo mantenga una homeostasis óptima.

El sorprendente poder de las hierbas medicinales se basa en su capacidad para adaptarse a prácticamente todos los tipos de morfología corporal y en la de enseñar al organismo a mantenerse en equilibrio. Inducen movilización o incluso agitación de los fluidos y componentes corporales, pero tienen mínimos (o nulos) efectos secundarios sobre la salud, tanto a nivel físico como a ni-

vel mental. Dependiendo del tipo de plantas utilizadas, hay algunas que no requieren una pauta de dosificación tan exacta como otras. Así, por ejemplo, las especies adaptógenas son destacadas plantas de efectos tónicos que regulan los sistemas corporales por medio del equilibrio celular y el mantenimiento de una homeostasis positiva. Las plantas pertenecientes a este grupo precisan de una dosificación cuidadosa. Entre las especies adaptógenas cabe citar los hongos reishi y chaga y las bayas de esquisandra. Por otro lado, la categoría de plantas medicinales conocida como nervinas actúan como refuerzo del sistema nerviosos. Las integrantes de este grupo botánico desarrollan diversos efectos que pueden ser levemente calmantes, antiespasmódicos o fuertemente sedantes. Algunas de estas plantas nervinas son la pasionaria, la mimosa y la valeriana. En dosis muy elevadas o en combinación con ciertos fármacos, este tipo de plantas causas algunos efectos secundarios no deseados.

Muchas plantas medicinales de efectos tónicos ejercen potentes efectos antioxidantes, similares a los de muchos *superalimentos,* y poseen asimismo una amplia variedad de propiedades, que les permite reforzar la función de numerosos sistemas fisiológicos. Se ha demostrado que estas milagrosas especies actúan a múltiples niveles, con objeto de restaurar el equilibrio entre cuerpo y mente.

SUPERPLANTAS MEDICINALES: TÓNICOS HERBALES

5

¿Qué es un tónico herbal?

Los tónicos herbales son elaboraciones realizadas a partir de un conjunto de plantas medicinales, de poderosos efectos, que renuevan la función de numerosos sistemas corporales, tonificándolos y vigorizándolos. Un tónico herbal es una solución o preparación a la que se incorporan una o varias especies vegetales conocidas por sus efectos de promoción holística de la salud y que pueden ser fuente de efecto medicinal para el cuerpo, la mente y el espíritu.

Es posible que algunos piensen que casi todas las plantas medicinales o aromáticas tienen efectos tónicos. Sin embargo, para que a una planta pueda asignársele el calificativo de tónico es preciso que haya sido utilizada y estudiada por los humanos durante siglos, cumpliendo una serie de requisitos específicos. De las plantas medicinales tónicas se dice que aportan *energía adaptativa,* que nos ayuda a manejar el estrés con más facilidad. Es posible que consigamos desarrollar un alto grado de adaptabilidad a los numerosos desafíos que debemos afrontar y a los cambios que constantemente tienen lugar en nuestras vidas. Al superar de manera satisfactoria las circunstancias generadoras de estrés, crecemos como seres humanos y podemos gozar de la vida con mayor plenitud y de modo más integral. Las plantas medicinales de efectos más significativos son, pues, una de las fuentes esenciales de la verdadera potenciación de la condición humana.

He aquí una serie de puntos clave que nos permiten conocer mejor los tónicos elaborados con plantas medicinales:

- Una planta de efecto tónico ha de tener propiedades antienvejecimiento, lo que significa que es conocida por favorecer la consecución de una vida saludable y prolongada, libre de enfermedades.
- Asimismo, su composición química debe promover la mejora de la salud, generando destacados efectos positivos sobre ella en un plazo razonablemente breve después de su consumo.
- Es preciso que los tónicos contribuyan a equilibrar las energías físicas, emocionales y psíquicas, de modo que induzcan una mejora manifiesta del bienestar espiritual y del sentimiento de felicidad.
- En las plantas medicinales tónicas se ha de haber contrastado la ausencia de efectos secundarios, lo que supone que es posible utilizarlas durante periodos de tiempo prolongados, con objeto de que el cuerpo experimente todos sus potenciales beneficios a

largo plazo. Realmente, las plantas de efecto tonificante transmiten sensaciones suaves y agradables y la gran mayoría de las personas, si no todas, pueden disfrutar de sus propiedades sin efectos adversos.

- La mayor parte de las especies vegetales tonificantes, al igual que otros alimentos de cualidades equiparables, tienden a ser digeridas y asimiladas con facilidad. Pueden incorporarse a todo tipo de alimentos y bebidas, potenciando su sabor y sus beneficios para la salud.

Básicamente, las especies utilizadas en los tónicos herbales son por definición plantas cuyo consumo regular fomenta la mejora de la salud y el envejecimiento saludable. Resultan particularmente eficaces, porque «enseñan» al cuerpo a lo largo del tiempo, generando consecuencias positivas que, en última instancia, hacen que esos efectos sean asimilados por el organismo hasta llegar a actuar en él sin necesidad de la ayuda del tónico. A día de hoy, cada vez es mayor el número de estudios que descubren nuevas plantas medicinales tonificantes y que analizan la respuesta química que inducen en el cuerpo con el tiempo.

Actualmente, las especies utilizadas por su efecto tónico crecen en muchos lugares del mundo (China, la región de Himalaya, Mongolia, Asia central, el sudeste asiático, India, Indonesia, África, Sudamérica, Norteamérica, Europa y Oceanía). Sin embargo, los principios de la fitoterapia y el herborismo fueron establecidos en su día por los antiguos pueblos de Asia y, en especial, por los grandes maestros del taoísmo, los ancestrales hombres y mujeres depositarios de la sabiduría tradicional de su cultura. Tales principios están profundamente arraigados y han sido contrastados a lo largo del tiempo. En nuestros días han sido igualmente refrendados por la ciencia actual y por las modernas teorías de la salud referidas a la salud y al envejecimiento saludable.

6

Técnicas básicas para la elaboración de tónicos herbales

Con frecuencia, las mejores preparaciones medicinales son las que elaboramos nosotros mismos. Cuando pagamos por la comodidad de obtener algo que otros han preparado por nosotros, accedemos a productos preenvasados que no son más que eso: preparaciones elaboradas fuera de la esfera de nuestro control y que muchas veces contienen componentes con los que nosotros no estamos plenamente familiarizados. En cambio, los tónicos obtenidos con nuestras propias manos pueden planificarse y prepararse con todo el esmero que nosotros les dediquemos. Al realizar estas elaboraciones, nos sentiremos reforzados por el hecho de saber que hemos sido nosotros los que hemos elegido cada ingrediente y hemos controlado todo el proceso de creación del tónico.

Este tipo de preparaciones pueden conseguirse utilizando una amplia variedad de procedimientos. En virtud de la composición química de cada ingrediente y de la cantidad de agua que los ingredientes contengan de manera natural, podremos decidir cuál es el mejor modo de lograr toda la plenitud de los efectos beneficiosos de la preparación.

ELEMENTOS PARA PREPARAR TÓNICOS Y ELIXIRES A BASE DE PLANTAS MEDICINALES

Con independencia del procedimiento que se escoja, siempre se conseguirá algún efecto beneficioso. Tanto la incorporación de una de estas plantas a una infusión como la obtención de un extracto a partir de ella son alternativas fantásticas.

Infusiones y tisanas

Vehículo: agua caliente.

Cómo hacer una infusión

Recomiendo que las infusiones se preparen con hojas y flores.

- Introduce las plantas o hierbas medicinales frescas o secas en una tetera.
- Agrega agua caliente (casi hirviendo) a las plantas.
- Deja la mezcla en infusión durante 5-10 minutos.

Cómo hacer una decocción

Recomiendo que las decocciones se realicen con raíces, hongos, cortezas y tallos. No obstante, algunas hierbas también requieren cocción a fuego lento a fin de extraer de ellas por completo alguno de sus compuestos químicos.

- Introduce los ingredientes en un cazo (lo más adecuado es que sea de cerámica o de acero inoxidable).
- La proporción básica para las decocciones es de 1 parte de agua y 1 parte de raíces o hierbas.
- Cuece a fuego lento durante 20-30 minutos con el cazo destapado, hasta que el volumen de agua se reduzca en aproximadamente una cuarta parte.
- Cuela la mezcla y disfruta de la bebida.
- Las decocciones pueden conservarse en la nevera hasta 3 días.

Extractos líquidos

Los mejores vehículos para la elaboración de extractos líquidos son el alcohol, el vinagre y la glicerina vegetal.

Cómo obtener un extracto líquido con alcohol

- Utiliza alcohol de cereales o vodka (de no menos del 25% [25°]).
- Una buena proporción para material vegetal desecado es de 1 parte de hierbas por 5 partes de alcohol.
- Una buena proporción para material vegetal fresco es de de 1 parte de hierbas por 3 partes de alcohol.
- Ten en cuenta que para un extracto de plantas frescas se debe utilizar un porcentaje mayor de alcohol, de al menos el 40% (40°).
- Si se utilizan plantas frescas han de picarse finamente.
- Incorpora las hierbas y el material vegetal a un frasco de vidrio limpio y llénalo con alcohol hasta cubrir los vegetales por completo.
- Tras agregar el alcohol recubre la boca del frasco con papel film y cúbrela con una tapa bien ajustada, de modo que el papel film quede atrapado entre la tapa y el frasco. Así se evitarán el desarrollo de óxido y la contaminación del contenido.
- Agita bien y deja que el material vegetal se asiente durante 3-4 semanas. Ello permitirá que transcurra al menos un ciclo lunar completo, que es el tiempo que se considera necesario para la extracción de todos los compuestos químicos beneficiosos.

- Agita la mezcla en días alternos El movimiento hace que las plantas se ablanden y liberen sus extractos.
- Cuela las hierbas con un paño de malla (cualquier paño fino o paño para quesos puede servir) y presiona hasta extraer todo el líquido.
- Pasa el líquido con un embudo a una botella de vidrio azul o ámbar y consérvalo en un lugar fresco y protegido de la luz.
- ¡Ya está! Has conseguido elaborar un potente extracto medicinal. La cantidad que has preparado puede durar bastante tiempo y llega a conservarse hasta 5 años.

Cómo preparar un extracto con glicerina vegetal

- Llena un frasco de hierbas desecadas hasta la mitad (hasta los dos tercios de su altura si se trata de hierbas frescas).
- En un recipiente aparte mezcla 3 partes de glicerina vegetal y 1 parte de agua filtrada. Mezcla bien para combinar los componentes.
- Vierte la mezcla líquida sobre el material vegeta cubriéndolo por completo y llegando a llenar el frasco.
- Agita 1 vez al día o cada 2 días, para hacer que las plantas estén más sueltas y liberen más fácilmente sus extractos.
- Deja que el extracto se vaya infusionando durante 4-6 semanas.
- Cuela la mezcla con un paño fino y presiona el material vegetal hasta que esté seco.
- Vierte el líquido en una botella de vidrio de color azul o ámbar y ¡ya está!; has conseguido elaborar una glicerina de poderosos efectos medicinales.

Cómo preparar un extracto con vinagre

- Llena un frasco de hierbas desecadas hasta la mitad.
- Vierte vinagre de sidra de manzana sobre las plantas hasta llenar el frasco.
- Recubre la boca del frasco con papel film y cúbrela con una tapa bien ajustada, de modo que el papel film quede atrapado entre la tapa y el frasco, a fin de evitar el desarrollo de óxido.
- Deja que los extractos vegetales se vayan liberando durante 14 días en un lugar fresco y protegido de la luz.
- Agita 1 vez al día o cada 2 días para asegurar que las plantas estén sueltas.
- Cuela con un paño de malla de red y pasa el líquido con un embudo a una botella de vidrio.
- El vinagre se puede beber directamente o también es posible utilizarlo como aderezo para dar a ensaladas y otros platos un toque tan delicioso como medicinal.

CÓCTELES CON ZUMOS: ZUMOS TONIFICANTES

Anatomía de un tónico con superplantas medicinales

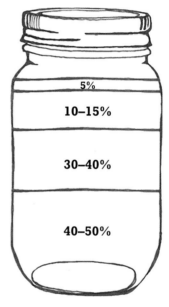

4. Extracto madre — 5%

3. Infusiones y decocciones — 10–15%

2. Zumo de frutas y raíces — 30–40%

1. Zumo de vegetales y hierbas aromáticas y medicinales — 40–50%

1. **Vegetales:** El 40-50% del zumo debe constar de verduras en general, verduras de hoja y hierbas frescas. Conviene preparar una mezcla de vegetales prensados en frío (verduras de hoja oscura, perejil, diente de león, espinacas, brécol, pepino, apio, etc.).

2. **Frutas y raíces:** El 30-40% del zumo debe corresponder a frutas y raíces. Para ello se prepara una mezcla de frutas y raíces prensadas en frío [manzana, pera, coco, piña, pitaya (también llamada fruta del dragón), cítricos, remolacha, zanahoria, etc.].

3. **Infusiones:** El 10-15% del zumo debe corresponder a un concentrado de infusión/decocción de plantas medicinales. Es posible elaborar una mezcla de hojas, corteza y flores [por ejemplo de manzanilla, rosas, equiseto (también conocido como cola de caballo), lapacho rosado (o pau d'arco) setas, etc.].

4. **Extracto madre:** El 5 % del zumo debe estar constituido por extracto madre. Así pues, como toque final es necesario añadir a la elaboración 1 cucharada (unos 15 ml) del tónico de hierbas del que se disponga (extracto madre).

Técnicas para elaborar zumos con superplantas medicinales

Si deseas crear zumos prensados en frío saludables y deliciosos es evidente que la mejor opción es disponer en tu cocina del mejor extractor de zumos. Si no es buen momento para hacer ese gasto, hay otras formas de conseguir toda la magia del prensado en frío. Este proceso es un excepcional sistema de obtener zumos, ya que la calidad bioactiva y enzimática del zumo que se obtiene queda asegurada gracias al prensado en ausencia de calor. Con independencia de cuál sea la máquina de la que se dispone, siempre hay que tener presente que lo más importante para preservar la integridad nutricional de los zumos es prepararlos sin aplicar calor y a través de un procedimiento de extracción lento.

LAS DISTINTAS OPCIONES AL ELEGIR UN EXTRACTOR DE ZUMOS

Las licuadoras o extractores de prensado en frío y las de velocidad lenta son, ciertamente, los mejores sistemas para obtener zumos que conserven todos sus beneficios nutricionales. En el mercado hay bastantes opciones. De lo que hay que asegurarse es de que se adquiere un extractor de zumos de velocidad lenta y no uno que funcione rápido y generando calor, que tiende a «quemar» el zumo apenas 1 minuto después de haber empezado a exprimirlo. Puedes comprobar si tu licuadora es adecuada examinando la textura de la pulpa que queda en ella. Si está realmente seca, esto indica que el aparato ha exprimido demasiada fibra por unidad de líquido. Si está demasiado blanda y húmeda, implica que la máquina ha procesado el jugo demasiado rápido sin exprimir la pulpa lo suficiente. Si este es el caso, conviene optar por exprimir la pulpa a mano para lograr que el zumo adopte el aspecto jugoso y nutritivo que da el prensado en frío.

He aquí algunas de nuestras licuadoras favoritas:

Norwalk®: Estos dispositivos pueden suponer un desembolso sustancial, pero son sin duda fantásticos si se desea elaborar zumos del máximo nivel. Las licuadoras Norwalk cuentan con un dispositivo triturador que no induce calor, con un compartimento lateral en el que el zumo puede exprimirse en una bolsa. Son muchos los que la consideran la mejor de las posibilidades, aunque su uso (y su limpieza) requieren bastante tiempo.

Champion®: Es nuestra debilidad personal. Con esta licuadora se obtiene un zumo de la textura más suave y deliciosa y presenta una amplia gama de opciones en cuanto al nivel de trituración. Es posible adquirir aparatos con compartimentos separados para exprimir germinado de trigo, elaborar helado casero y muchas otras posibilidades. Las licuadoras Champion son más asequibles y fáciles de utilizar que las de otras marcas. Cuando se utilizan, recomendamos reservar la pulpa y exprimirla a mano para conseguir la mejor esencia de los zumos.

Licuadoras trituradoras Omega® 8006/8005/8004: La pulpa que se obtiene con esta gama de trituradoras en la más seca que nunca he visto. Esto supone que son las que aportan un máximo grado de nutrición, pudiéndose por otra parte separar en cuatro componentes de fácil limpieza.

LICUADORAS TRITURADORAS Y LICUADORAS CENTRÍFUGAS

Las licuadoras trituradoras son dispositivos de primer nivel cuyo precio oscila entre los 250 y los 500 euros. No son baratas, pero la inversión merece la pena. El precio de las licuadoras centrífugas puede oscilar entre los 100 y los 300 euros. Sin embargo, es mucho más recomendable, siempre que sea posible, optar por un modelo triturador, para asegurar una mayor duración del aparato y un zumo de mayor calidad.

Para obtener un exquisito zumo prensado en frío con cualquier dispositivo de este tipo, convine seguir estas sencillas pautas básicas:

Es importante proceder despacio: no se debe sobrecalentar la máquina. Deja que la licuadora procese poco a poco los ingredientes.

La pulpa es sagrada: la pulpa de los ingredientes puede pasarse más de una vez por la trituradora para extraer por completo todos los nutrientes o, simplemente, se puede exprimir a mano, presionándola con un paño de malla. También cuando se emplea una batidora para hacer un zumo (no un *smoothie*), se puede emplear un paño de malla fina, filtrando toda la fibra extra para obtener un zumo suave y exquisito.

LA PRENSA HIDRÁULICA HECHA EN CASA

Si tienes afición por hacer las cosas artesanalmente en casa o te gusta aprovechar los objetos a los que les puede dar alguna utilidad, las prensas hidráulicas hechas en casa son un recurso magnífico. Antes de que empezaran a fabricarse licuadoras eléctricas, el principio físico que es el fundamento de estas máquinas era la tecnología que la gente empleaba en todo el mundo para poder prensar manualmente o para elevar toneladas de peso sin necesidad de realizar un gran esfuerzo. Los pueblos indígenas utilizaban la prensa hidráulica para las más diversas aplicaciones. Por ejemplo, en las regiones de clima tropical se empleaban grandes prensas para extraer el jugo de la caña de azúcar. La prensa podía exprimir hasta 10 toneladas de caña, extrayendo de ella hasta la última gota de jugo por medio de un sencillo mecanismo rotatorio.

BATIDORAS Y FILTRADO A MANO

Las batidoras no están hechas en realidad para preparar zumos, aunque pueden ser un buen recurso, útil para obtener una bebida saludable cuando no se dispone de otra cosa. Con ellas es posible obtener un jugo denso con más pulpa que el zumo prensado en frío o un batido o *smoothie*. En ocasiones, cuando estamos de viaje y no tenemos a mano más que una batidora solemos preparar zumos con ella. Los incondicionales del prensado en frío probablemente lo desaconsejarían, pero hay que saber adaptarse y hacer magia con lo que se tiene a mano. Por ejemplo, para hacer un zumo de sandía se puede batir la fruta a baja velocidad (para que se mantenga fresca y no se oxide), dejando algunos trozos de pulpa más gruesos, verter el resultado del batido sobre un paño de malla fina y presionar con cuidado para extraer el jugo. ¡Tan fácil como eso! Si se desea obtener un zumo con menos fibra, se puede continuar filtrando. Te sorprenderá comprobar que, incluso con un tercer filtrado, aún se notan pequeños fragmentos de pulpa.

En esencia, de lo que se trata es de usar la batidora como una trituradora y prensar a mano el jugo obtenido para extraer y filtrar la pulpa. Insistimos en que el resultado de este proceso no es el mismo que el del prensado en frío. Sin embargo, si estás de viaje o si no queda otra opción, una batidora puede ser un recurso de última hora.

ADICIÓN DE PLANTAS TONIFICANTES AL ZUMO

Una vez que está preparado el zumo recién elaborado es posible añadirle las plantas medicinales tonificantes que se desee. Para incorporar con facilidad el correspondiente componente medicinal pueden utilizarse varios medios, que son los que a continuación se comentan.

CONCENTRADOS DE HIERBAS MEDICINALES

Algunas hierbas medicinales se conservan mejor en la nevera, en forma de concentrado líquido. Por ejemplo, las decocciones de cortezas, raíces, hojas u hongos se mantienen en mejores condiciones en el refrigerador, después de haberlas hervido durante varias horas. De este modo, es posible mantener una reserva de estas preparaciones que duran hasta 3 días. Este tipo de concentrados mejoran de modo natural a medida que se van asentando, ya que numerosos alcaloides y otros componentes químicos solo empiezan a liberarse después de unas cuantas horas de cocción. Una vez que el zumo de verduras y frutas está preparado, por regla general se le suele añadir de 30 a 50 ml de concentrado de esencias medicinales (para un volumen aproximado de zumo de medio litro). Cuando nos aventuramos y utilizamos esencias no habituales es conveniente conocerlas bien y familiarizarse con su uso, de modo que puedan ajustarse correctamente las dosis. No conviene excederse.

TÓNICOS Y ELIXIRES

Los tónicos medicinales de esta clase son los que se elaboran o se adquieren en forma de extracto, preparados con alcohol, glicerina vegetal o vinagre. Este tipo de extractos se añaden en cantidades de 3 a 5 ml a un vaso grande de medio litro de zumo.

PLANTAS MEDICINALES EN POLVO

Nos encanta utilizar cocteleras y vasos mezcladores. Para añadir plantas en polvo a un zumo una proporción apropiada es de unos 5 ml (una cucharadita de las de café) por cada medio litro de zumo. Se puede incorporar el polvo vegetal a un caso mezclador y agitarlo para que se mezcle bien o también es posible agitar la mezcla en un frasco de vidrio.

9

Las 20 plantas que no deben faltar en ninguna cocina

Resulta difícil concentrar en una única lista las plantas medicinales imprescindibles y las favoritas de cada uno. Generalmente, mi cocina suele estar llena de de todo tipo de hierbas, raíces y cortezas de plantas, que a menudo superan el centenar de las más diversas y atractivas especies vegetales. Sin embargo, solemos recomendar que no se haga acopio de una cantidad excesiva de plantas medicinales, muchas de las cuales no se conocen bien. Lo más aconsejable es comenzar con una selección de plantas de temporada esenciales e ir ampliando la gama disponible con nuevas especies a medida que nos vayamos familiarizando con ellas. Al pasear por el campo conviene estar atento para identificar las plantas que sean nuestras favoritas. Muchas se cuentan entre las más saludables y poderosas fuentes medicinales y pueden encontrarse con facilidad.

A continuación se incluye una lista con una serie de especies básicas que desearíamos que crecieran en todas las partes del mundo. Con ellas es posible satisfacer las necesidades mayores y menores, sobre una base estacional y regular, para conseguir un nivel óptimo de bienestar.

20 ESPECIES ESENCIALES

Las plantas que se enumeran a continuación son especies de efecto tonificante sin las cuales algunos no podríamos vivir. Entre estas 20 variedades se encuentran las especies que creemos irremplazables en una farmacia casera y que permiten obtener excelentes resultados en el refuerzo de la función inmunitaria, la belleza, el aporte de vitamina C, la mejora de la gripe y el resfriado, el estado de los huesos y músculos, la salud digestiva, la pérdida de peso y muchas otras facetas de la salud general.

CACAO · RUDA · ESPIRULINA · CÚRCUMA · PIMIENTA DE CAYENA · HOJA DE AIRE · CANELA · HINOJO · AJO · JENGIBRE · ROMERO · REISHI

1. Guanábana *(Annona muricata)*

La guanábana, o graviola, es una planta propia de los bosques tropicales conocida por sus potentes efectos antibacterianos, antimicrobianos, antiparasitarios y antitumorales. Las acetogeninas anonáceas solo están presentes en la familia de las anonáceas (a la que pertenece la guanábana). Se ha documentado que estos compuestos químicos ejercen efectos antitumorales, antiparasitarios, insecticidas y antimicrobianos. Numerosos estudios han establecido recientemente que las acetogeninas son excelentes inhibidores de los procesos enzimáticos, que solo se registran en las membranas de las células tumorales cancerosas. Tal es la razón por la que son tóxicas para las células cancerosas, sin que induzcan toxicidad en las células sanas.

2. Moringa *(Moringa oleifera)*

La moringa es un árbol milagroso conocido por contener una extraordinaria carga de antioxidantes, minerales y fibra esencial y por sus propiedades depurativas. Asimismo es notable su capacidad para aportar energía sostenible, reducir la presión arterial y potenciar la función de las glándulas suprarrenales. La moringa actúa como coagulante, fijándose a los materiales nocivos y a las toxinas del cuerpo, eliminándolas con rapidez.

3. Jergón sacha *(Dracontium loretense)*

El jergón sacha, o hierba del jergón, es una planta característica de la flora amazónica. Contiene alguno de los más potentes compuestos químicos de acción antivírica presentes en la naturaleza. Las tribus de indios de las selvas del Amazonas utilizan el gran rizoma o tubérculo del jergón sacha como antídoto contra las mordeduras de serpiente. Asimismo se ha usado para tratar las mordeduras y picaduras de arañas, rayas de espina y otros animales venenosos. Con esta planta se elaboran potentes tónicos antibacterianos, antimicrobianos y anticancerosos que además ejercen acciones curativas contra los efectos de la radiación y contra las afecciones genitales.

4. Suma *(Pfaffia paniculata)*

La suma es conocida también cono ginseng brasileño y es un reconocido tónico y adaptógeno natural de la cuenca del Amazonas. Los efectos beneficiosos son sorprendentemente similares a los del ginseng normal, de origen asiático. Se ha utilizado durante generaciones para tratar todo tipo de alteraciones, como tónico energizante y revitalizante, como oxigenante de las células, como estimulante del apetito; antiinflamatorio y activador de la función circulatoria, equilibrador de la glucosa en sangre (glucemia) y, tal vez en su aplicación más generalizada, como potenciador del sistema inmunitario.

5. Chancapiedra *(Phyllantus niruri)*

La chancapiedra, o quiebrapiedra, es conocida por ser el más potente desintoxicante hepático y de la vesícula biliar de las selvas tropicales. Su denominación se debe a que durante generaciones demostró su eficacia entre los indígenas del Amazonas como agente eliminador de los cálculos biliares y renales. Se trata de un tónico de extraordinarios efectos, profusamente documentados, para el tratamiento de la hepatitis, la gripe y los resfriados, la tuberculosis, diversos trastornos y enfermedades del hígado, la anemia y el cáncer hepático.

6. Cúrcuma *(Curcuma longa)*

La cúrcuma es una planta cuya raíz tiene efectos antiinflamatorios y es una potente fuente de vitamina C. Su consumo diario es un excelente recurso para mantener a raya la inflamación, alcalinizando el sistema digestivo y el hígado y aliviando su irritación. Es un excelente tónico para las articulaciones, los músculos, los tejidos blandos y la piel, a los que aporta fuerza y elasticidad, siendo un fantástico agente antienvejecimiento.

7. Tulsí *(Ocimun tenuiflorum)*

El tulsí, o tulasi, es la más sagrada de las plantas medicinales de la tradición ayurvédica de la India. Se trata de un poderoso adaptógeno, conocido por su capacidad curativa de los órganos digestivos, su efecto de protección cardiovascular y su intenso efecto antiinflamatorio. Reduce las concentraciones de colesterol, evita la hipoglucemia, alivia el estrés, gracias a su acción calmante del sistema nervioso; previene las migrañas y repara la piel deteriorada (tanto externamente como a nivel subepidérmico). Es, sin duda, una gran superplanta medicinal.

8. Ortiga mayor *(Urtica dioica)*

La ortiga mayor es un excelente remedio cuando se usa a diario para favorecer la longevidad, con efectos de refuerzo óseo, enriquecimiento de la sangre y aumento de las concentraciones de testosterona, además de ser una importante fuente de silicio. Las hojas y las semillas se emplean también en la reparación de los tejidos nerviosos dañados y como reguladoras del sistema nervioso central. Sus raíces suelen emplearse por sus beneficiosas propiedades en lo que respecta a la producción de testosterona y la protección de la próstata, siendo además un notable potenciador de la energía, por lo que de ella pueden beneficiarse tanto los hombres como las mujeres. Con esta planta se preparan excelentes infusiones que, combinadas con otras especies de efectos tónicos, ven reforzadas sus propiedades.

9. Reishi *(Ganoderma lucidum)*

La investigación sobre la composición química y los efectos terapéuticos de hongos como el reishi ha sido continua a lo largo de siglos. El reishi, denominado *pipa* en español, pero más conocido en términos generales por su nombre japonés, es un inmunomodulador capaz de restaurar la función inmunitaria que también se utiliza con frecuencia en los tratamientos previos y posteriores al cáncer. Los polisacáridos presentes en este sorprendente hongo son compuestos de un extraordinario poder anticanceroso. Son también notorias sus propiedades como tónico pulmonar y cardíaco y para reducir el colesterol malo y los triglicéridos.

10. Chaga *(Inonotus oblicuus)*

La chaga, también conocida como nariz de carbón, es el tónico de referencia por antonomasia para el sistema inmunitario. Contribuye a la eliminación de tumores y células cancerosas y se emplea para tratar enfermedades autoinmunes y traumatismos y lesiones medioambientales, como las debidas a los efectos de la radiación, la contaminación, los metales pesados, etc.

11. Lapacho rosado *(Tabebuia impetiginosa)*

A este árbol sagrado, también conocido como *pau d'arco,* se le ha rendido culto durante siglos. Su corteza se ha utilizado como antifúngico y antiinflamatorio. Se emplea también tradicionalmente para corregir los desequilibrios de la glucosa en sangre y de la presión arterial y para tratar úlceras, trastornos digestivos, las infecciones por parásitos y levaduras, el cáncer, la diabetes y las alergias.

12. Sangre de drago *(Croton lechleri)*

La sangre de drago, también llamado en algunas fuentes sangre de grado, es considerado el mejor cicatrizante de heridas presente en la naturaleza. El árbol conocido como drago produce una milagrosa resina cuando se practica una incisión en su corteza. Esta resina, roja y densa, actúa a modo de vendaje tanto interno como externo, con intensas propiedades antibióticas. También es afamada por sus poderosas cualidades antisépticas y ejerce un potente efecto antivírico y antimicrobiano en general. Muchos lo han aplicado igualmente como tratamiento complementario anticanceroso, así como para la curación de lesiones inducidas por radiación.

13. Uña de gato *(Unicaria tomentosa)*

La uña de gato es reconocida como el mejor potenciador de las defensas inmunitarias de la flora de la cuenca del Amazonas. Es una de las plantas medicinales de las que se cuenta con registros históricos más antiguos en estas selvas tropicales y destaca por sus poderosas acciones inmunomoduladoras y por sus propiedades anticancerosas, antirreumáticas y antiartríticas.

14. Ginseng *(Panax ginseng)*

Planta de extraordinario efecto tónico, el ginseng ha sido considerado durante siglos como el rey de las plantas medicinales. En la medicina tradicional china no solo se reconocen sus propiedades adaptógenas y energizantes, sino que también se utiliza para calmar el espíritu, eliminar la energía *qi*, generadora de ansiedad y estrés, para abrir el corazón y para dar fuerza a la mente. Tanto el ginseng asiático como el americano se han empleado como potenciadores de las funciones del corazón, el bazo, los pulmones, el hígado y los riñones.

15. Espirulina *(Anthrospira platensis)*

Célebre por ser la mayor fuente de proteínas completas del mundo (alrededor de un 65%

en peso), la espirulina es un alga verdeazulada que proporciona una amplia gama de oligoelementos y macrominerales. Este alga es sin duda un superalimento presente en la naturaleza, que proporciona gran abundancia suplementaria de fitonutrientes y enzimas.

16. Cola de caballo (*Equisetum arvense*)

La cola de caballo es una de las plantas más antiguas que perviven en la naturaleza. Es notoria por su capacidad de curación de los huesos, la médula ósea y las heridas, gracias a su elevado contenido en sílice y, en consecuencia, en silicio. Además de este oligoelemento, contiene cantidades elevadas de calcio y es rico en minerales especializados en la reparación del tejido conjuntivo, la corrección de la desalineación ósea y la cicatrización y reparación de la piel. También se emplea para tratar alteraciones renales, oculares y del pelo y como regulador de la función inmunitaria.

17. Rodiola (*Rhodiola rosea*)

La rodiola es una raíz de mágicos efectos que fortalece el sistema nervioso, combate la depresión, potencia la función inmunitaria y la memoria, ayuda a perder peso y mejora la función sexual y los niveles de energía. Se ha empleado con resultados satisfactorios en la prevención de la depresión y para abordar el trastorno de estrés postraumático. Intensifica el transporte al cerebro de precursores de la serotonina, triptófano y 5-hidroxitriptófano.

18. Mangostán (*Garcinia mangostana*)

El mangostán es el rey de las frutas tropicales. No solo se trata de una fruta deliciosa, sino que la piel de la misma es una de las mayores fuentes de vitamina C que se conocen. Contiene una ingente cantidad de antioxidantes, notables por sus atributos antienvejecimiento y favorecedores de la longevidad. Es asimismo un sensacional tónico para los sistemas endocrino e inmunitario, se sabe que mejora la sensibilidad de las heridas y la reparación de los nervios dañados y ayuda a perder peso.

19. Gynostemma (*Gynostemma pentaphyllum*)

También conocida como yaogulan, la gynostemma en un adaptógeno y un antioxidante con compuestos químicos similares a los del ginseng. Las hojas de esta planta son conocidas por su capacidad para reducir la presión arterial, depurar la sangre, reforzar la función del páncreas y liberar el organismo del estrés, además de contribuir a activar la pérdida de peso regulando el metabolismo de las grasas.

20. Bayas de esquisandra (*Schisandra chinensis*)

Las bayas de esquisandra son uno de los escasos productos vegetales naturales que tienen los cinco sabores: dulce, ácido, salado, amargo y picante. Estas superbayas son conocidos adaptógenos y tienen propiedades de protección hepática, depuración de la sangre, aportación de nutrientes a la misma y tonificación de los cinco órganos de la medicina tradicional china, a saber: corazón, hígado, baso, pulmón y riñón. Entre los otros muchos efectos beneficiosos de estas bayas cabe citar la prevención de la fatiga y la potenciación de la fuerza y la resistencia del organismo.

EL ZUMO DEL ARCOÍRIS

10

La dieta del arcoíris

La clave para la creación de una dieta óptima es ser conciente de que no hay una única dieta óptima específica para cada persona. Cada uno de nosotros conforma un universo bioquímico peculiar constituido por su propia historia física, emocional y espiritual. El ADN humano cuenta con millones de variaciones y la mayor parte del cuerpo humano es un territorio que aún está por descubrir por parte de la ciencia moderna. No sorprende que aquellos de nosotros que estamos afectados por alguna dolencia, debamos contar con al menos unas cuantas dietas básicas entre las cuáles poder elegir, en función de nuestra fisiología y nuestra genética. Sabido esto, ¿cómo es posible intentar establecer una única dieta o régimen de suplementos dietéticos que actúe para cada persona y para cada enfermedad?

Hay múltiples posibilidades, como la alimentación macrobiótica, la dieta paleolítica, la crudivegana, la vegana, la vegetariana baja en proteínas, la dieta de alto contenido en proteínas o la de contenido bajo en grasas y alto en hidratos de carbono. Sin embargo, todas estas opciones son compatibles con solo un tercio de quienes las practican. Esto no implica que la dieta no funcione, simplemente significa que determinados tipos de constitución corporal asimilan bien un cierto régimen dietético mientras que otros no lo hacen.

Nuestro reloj corporal está sincronizado con precisión con las estaciones, el clima, la luna y los movimientos planetarios. Cuanto mayor sea nuestra sintonía con el entorno local y con la estación en la que nos encontramos, mayor será la probabilidad de que nuestro cuerpo se desarrolle de forma sana. Es especialmente importante prestar atención a diario a aquello que se desea y se necesita, más que adoptar una filosofía nutricional que no tiene por qué estar en sintonía con el propio cuerpo en los diferentes ciclos de la vida.

La dieta del arcoíris es una buena base a partir de la cual trabajar en este sentido. Tomándola como punto de partida, es posible integrarse en conjunción con la estación o la fase en la que nuestro organismo se encuentre. Comprometiéndose con estos principios básicos, es fácil desarrollarse desde el punto de vista orgánico y controlar el propio bienestar de manera intuitiva, estando atento en todo momento a las necesidades que nuestro cuerpo pone de manifiesto. Tales principios actúan como claves para la longevidad en todo momento y circunstancia:

1. Toma alimentos frescos y con toda su energía.
2. Come en función de los productos acordes con cada temporada del año.
3. Ten presente la mayor parte de los colores, si no todos, del arcoíris en cada comida.
4. Incorpora tónicos de superplantas medicinales a tu dieta entre las comidas.
5. Crea un entorno de paz interior cada vez que te sientes a comer.

Manteniendo intactas estas cinco pautas obtendrás un fundamento generador de longevidad sobre el cual trabajar. Las medicinas ayurvédica, tibetana y tradicional china comparten teorías constitucionales similares a la aquí expuesta en lo que respecta a la génesis de una cosmología de la curación.

La dieta del arcoíris tiene en cuenta una serie de tipos corporales elementales, presentes también en diversas antiguas tradiciones curativas: tierra, fuego y aire/agua. En el siguiente capítulo revisaremos los diferentes tipos corporales. Las tradiciones ancestrales nos muestran que nuestra constitución corporal se encuadra en alguno de los múltiples patrones generales que configuran los miles de tipos corporales que pueden hallarse en los seres humanos que habitan la Tierra, con los correspondientes cambios definidos por los ritmos estacionales y la fases de la vida y también por los ciclos y ritmos del propio planeta.

11

Medicina para tu tipo corporal

El ser humano es como la Madre Tierra. Una perfecta sinergia de elementos está constantemente en acción a fin de mantener el equilibrio bioquímico y homeostático en él. Por medio del sutil equilibrio de estos elementos internos es como logramos alcanzar la armonía y la longevidad. Hemos de tener en cuenta la pauta con la que los arquetipos del universo se instauran en nuestro cuerpo y en nuestra mente. Estas teorías constitucionales son como mapas registrados del proceso de establecimiento de patrones humanos, que nos ayudan a comprender los pormenores de los ciclos corporales. Todos nosotros presentamos en mayor o menor medida cada uno de los tipos corporales. Se trata más de una cuestión de saber en qué lugar estamos en cada momento y de conocer la forma en la que podemos lograr un mayor equilibrio, por medio de la dieta, los tónicos de plantas medicinales, la práctica diaria y el despertar de las emociones.

Hemos diferenciado las constituciones corporales elementales en tres tipos de cuerpos. Cada uno de ellos obedece a la integración de diversas tradiciones: la ayurvédica, la de la medicina tradicional china (MTC), la maya y la de la astrología médica.

CUERPO DE TIERRA

Energética: húmeda, mojada, grasa, caliente, untuosa

Componentes corporales: estómago, intestinos, tubo digestivo

Chakra: base, sacro

Ayurveda: kapha

MTC: tierra/agua

Dominios astrológicos: Saturno, Venus, Luna

秋

Otoño

Wheel labels (outer ring, clockwise):
ELEMENTO — METAL
DIRECCIÓN — OESTE
COLOR — BLANCO
CLIMA — SECO
CALIDAD — COSECHA
EMOCIÓN — PREOCUPACIÓN AFLICCIÓN
SENTIDO/ÓRGANO — NARIZ OLFATO
FLUIDO — MOCO
SONIDO — LLANTO
INDICADOR CORPORAL — PELO
SABOR — PICANTE
PIEL-PELO — TEJIDO
OLOR — PODRIDO
PULMONES — INTESTINO GRUESO
YIN · ÓRGANOS · YANG

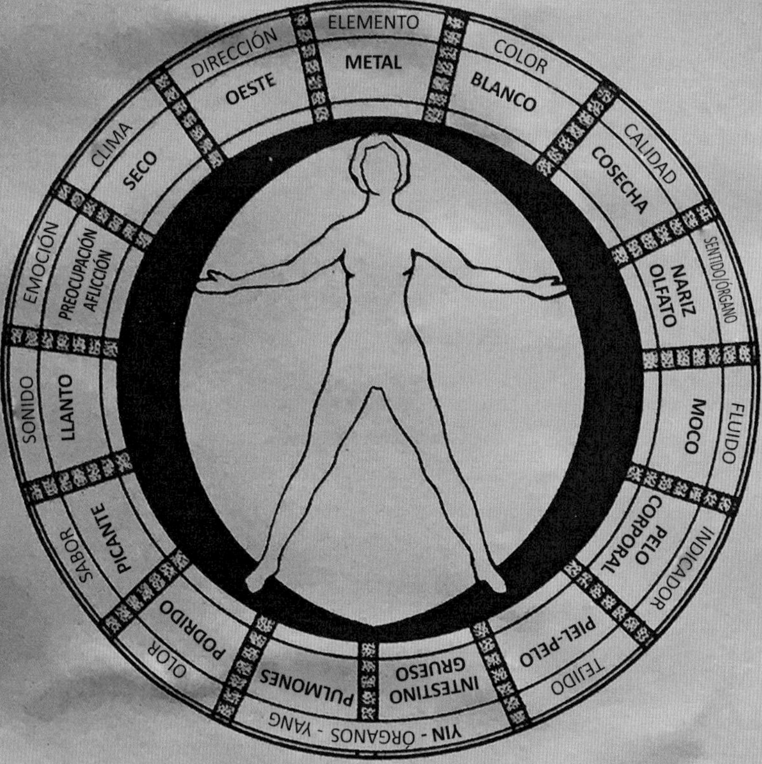

equilibrio integrado	desequilibrio
consolidación	indecisión
comunicación	confusión
nuevas disciplinas-trabajo productivo	excesiva indulgencia
estudio, claridad, cuidados	café, consumo de tabaco
paseos tranquilos	oscuridad
más descanso	fatiga

(handwritten margin and surrounding text, fragmentary:)

...also marks the beginning cycle of personal turning within; its first day, September 22, is the equinox day, when night ...rkness finally equals the length of the ...fter this, the night ...e longer ...til ...e ...ht, ...ese ...sonal ...und ...fect ...anse ...e Self ...erk.

...he ...inning ...the RK, ...ycle

Metal Element
Metal in Chinese Fire Element theory, is a...

Este tipo corporal está bendecido por la resistencia, la fuerza y el vigor. Los cuerpos corporales de Tierra están arraigados en ella y son estables, en constante búsqueda de descanso, comodidad y armonía. Cuando los tipos de Tierra están equilibrados, son las personas más encantadoras que pueda uno encontrarse, con auras amables y presencia estabilizadora. Naturalmente, los tipos corporales de Tierra tienen un metabolismo más lento y una estructura corporal en general más gruesa, aunque solo cuando se desequilibran comienzan a acumular grasa en el abdomen. En este tipo corporal el exceso de peso tiende a concentrarse en el abdomen, manteniéndose delgados los brazos y las piernas.

Cuando no están equilibrados, incluso durante un periodo de tiempo limitado, es importante tener en cuenta que este tipo de energía es la que hace que las enfermedades se desarrollen con notable rapidez.

Desde el punto de vista psicológico, el carácter de las personas con cuerpo de Tierra tiende a ser muy paciente, calmado, tolerante e indulgente. No obstante, también presenta cierta tendencia a ser indolente, vago y letárgico en caso de registrar una alineación inadecuada. Ante situaciones de desequilibrio, es posible que se den sentimientos de posesividad, trastornos del apego, codicia y envidia.

El cuerpo de Tierra almacena energía de forma natural, por lo que una de sus principales prioridades es mantener las enfermedades a raya. El principio del agua en la Tierra hace que determinadas condiciones climáticas den lugar a manifestaciones patológicas, tales como retención de líquidos, congestión nasal, membranas mucosas inflamadas, acumulación de toxinas en el tejido graso, y diabetes, entre otras.

> **DESEO ANSIOSO DE ALIMENTOS FRECUENTE:** alimentos de sabores dulces y salados, alimentos ricos en almidón, alimentos grasos.
>
> **DESEO DE ALIMENTOS EQUILIBRADO:** alimentos de sabor amargo, acre o picante.

Respuesta a una dieta inadecuada: estado letárgico, falta de energía, deseo ansioso de alimentos creciente.

Alimentos terapéuticos: Para las personas con cuerpo de Tierra son recomendables abundantes cantidades de vegetales de hoja (col rizada, berza, acelga, espinaca, lechuga romana), proteínas ligeras (legumbres, algas, pescado) complementadas con grasas saludables (aguacate, frutos secos, semillas, mantequilla de frutos secos, aceite de coco, aceite de oliva, quesos no desnatados, huevos). Cantidades muy escasas de aceite sin refinar (aceite de coco no refinado, aceite de linaza, aceite de borraja). Cantidades reducidas de miel o yacón utilizados como endulzantes.

Plantas y hierbas medicinales terapéuticas: En general plantas conocidas por su sabor amargo *. Hojas y raíces de diente de león, corteza de cuasia, piel de naranja, raíz de uva de Oregón, hojas y semillas de mostaza, artemisa, ruda, raíz de bardana, milenrama, cardamomo, acedera.

---

* Las plantas que contienen compuestos amargos resultan particularmente beneficiosas al acelerar el metabolismo de los cuerpos de Tierra, reparando su intestino para mejorar la función digestiva.

Otros tónicos curativos: alfalfa, hojas de zarzamora, manzanilla, canela, amor de hortelano, jengibre, espino, hisopo, limón, ortiga, semillas y hojas de perejil, escutelaria común (o casida), hierbabuena, tomillo, zanahoria silvestre.

Se deben limitar: los hidratos de carbono y los frutos de bajo índice glucémico (bayas), limitados a una comida al día.

Se deben eliminar: los hidratos de carbono a base de azúcares refinados (como los contenidos en las bebidas isotónicas), los alimentos comerciales densos en nutrientes, como las barritas energéticas y las bebidas «saludables», también los productos de consistencia similar a la del yogur. Los lácteos fermentan con rapidez en el intestino y, en personas de metabolismo bajo, generan una importante inflamación.

Ventajas: las personas con tipo corporal dominante de Tierra tienden a no verse afectados por el consumo ocasional de café y otros estimulantes o de un vaso de vino de vez en cuando.

Las personas con tipos corporales de fuego son penetrantes, cálidas e ingeniosas. Tienden a ser de físico agraciado, estatura media y piel cobriza, con calor corporal estable (incluso aunque suden con profusión). Su pelo tiende a ser sedoso y, en ocasiones, encanece antes de lo habitual en otras personas, como consecuencia de la gran energía que liberan. Tienen la suerte de un metabolismo intenso, con buenas digestiones en general y notable apetito. Suelen estar siempre alerta, con mente despierta y habitualmente con una aguda capacidad de comprensión. Estas personas suelen tener notables dotes de liderazgo y planificación, se entregan complacidas al trabajo por la comunidad y a solucionar los problemas de los que les rodean.

Los tipos corporales de fuego han de ser cautos en la prevención de la inflamación, sea esta causada por fiebre, trastornos cutáneos o enfermedades inflamatorias en cualquier órgano. Asimismo no deben contener sus emociones y han de evitar los sentimientos negativos frente a las situaciones de la vida. En estas circunstancias tienden a producirse en ellos desequilibrios emocionales relacionados con las situaciones problemáticas, potencialmente causantes de úlceras y otras alteraciones digestivas.

CUERPO DE FUEGO

Energética: cálida, caliente, oleosa

Componentes corporales: intestinos, diafragma

Chakra: plexo solar, corazón

Ayurveda: kapha

MTC: tierra/agua

Dominios astrológicos: Marte, Sol, Júpiter

DESEO ANSIOSO DE ALIMEN-TOS FRECUENTE: alimentos de sabores especiados, picantes, amargos y salados.

DESEO DE ALIMENTOS EQUILI-BRADO: alimentos de sabor dulce, amargo, acre

Respuesta a una dieta inadecuada: ansiedad, mal humor, hipoglucemia, reflujo ácido.

Alimentos terapéuticos: en las personas con tipo corporal de fuego, todos los cereales (en particular el amaranto, la cebada, el arroz y la avena), las verduras y los alimentos crudos aplacan los eventuales cuadros de inestabilidad, que también pueden abordarse con una dieta de tipo predominantemente macrobiótico. Los frutos secos y los aceites sin refinar son adecuados en cantidades moderadas (especialmente los aceites de coco, almendras, sésamo y linaza). Las semillas resultan más beneficiosas por su menor contenido graso. Las legumbres (sobre todo los garbanzos, las judías de tipo mungo o adzuki y las lentejas negras) son una buena fuente de proteínas ligeras y son digeridas con facilidad, sin generación de excesivo calor. Las hortalizas de hoja oscura (col rizada, berza, acelgas, espinacas, etc.) son también una opción recomendable para disminuir la generación de calor).

Plantas y hierbas medicinales terapéuticas: las que atenúan la producción de calor por el cuerpo resultan particularmente beneficiosas. Todas las que la incrementan o

hacen que ese calor corporal se retenga deben evitarse.

Otros tónicos curativos: hojas de zarzamora, manzanilla, uña de gato, cilantro, achicoria, crisantemo, consuelda, caléndula, comino, raíces y hojas de diente de león, hinojo, centella asiática, hibisco, jazmín, limón, melisa, citronela, tilo, malvavisco, agripalma, ortiga mayor, menta, frambueso, flores de rosa, clavo de olor, té de Nueva Jersey, azafrán, escutelaria común (o casida), acedera.

Se deben limitar: el chocolate, la sal, las carnes, los frutos secos, las bebidas estimulantes.

Se deben eliminar: las especias fuertes, el café, el alcohol y el tabaco.

Ventajas: las personas con tipo corporal de fuego pueden gozar de deliciosos dulces. Su constitución hace que asimilen más alimentos dulces de lo normal sin que sus repercusiones sean tan manifiestas como en otros tipos corporales.

CUERPO DE AIRE/AGUA

 Energética: seca, aérea, amarga

Componentes corporales: pulmones, linfa, cerebro, articulaciones, piel

Chakra: garganta, tercer ojo, corona

Ayurveda: vata

MTC: aire/metal

Dominios astrológicos: Mercurio, Urano, Neptuno

Los tipos corporales de aire/agua se rigen por el movimiento. En el ciclo anual las épocas más importantes para un cuerpo de aire/agua son el otoño y los periodos de cambio de estación. El aire agua es lo que impulsa el cambio, la tendencia a romper la rutina y asumir comportamientos distintos. Las personas en las que el tipo corporal de aire/agua es el predominante tienden a dar prioridad a los aspectos mentales y son flexibles y creativas. Suele caracterizarse por su rapidez y su agilidad mental, generando gran cantidad de energía. Es frecuente que tengan que regular la alimentación estableciendo rutinas en ella, debido a sus continuos cambios de apetito. La tendencia innata al deseo ansioso de alimentos se orienta hacia los alimentos crudos y que reducen la generación de calor, aunque precisamente esa falta de elementos de calor en ocasiones les causa problemas articulares y musculares y puede afectar también a su sistema inmunitario.

Cuando su nivel está desequilibrado, tienden a sentirse agotados y suelen presentar una complexión alta y desgarbada, con tez pálida, delgadez extrema y fragilidad. Desde el punto de vista energético, suele tener escasa fuerza de voluntad, con pérdida de autoconfianza y de audacia. A edades avanzadas los rasgos del tipo corporal de aire/agua se acentúan y son más predominantes. Es común que prevalezca la sequedad, tanto externamente como en los órganos internos, con aumento de las arrugas y falta de hidratación en las extremidades, lo que reduce su movilidad y su agilidad.

Respuesta a una dieta inadecuada: falta de asociación a la energía de la Tierra, fragilidad, fatiga.

DESEO ANSIOSO DE ALIMENTOS FRECUENTE: alimentos crudos, crujientes y refrescantes.
DESEO DE ALIMENTOS EQUILIBRADO: alimentos cocinados calientes, vinculados a la energía de la Tierra, de sabores dulces y salados.

Alimentos terapéuticos: el factor más importante es el establecimiento de rutinas en la alimentación. Para este tipo corporal son beneficiosos las verduras y hortalizas (en particular las raíces, tales como remolachas, zanahoria, yuca, bardana, boniato, apio nabo, etc.), cereales como la avena, judías y otras legumbres, frutos secos y semillas. Las grasas y aceites saludables constituyen un componente esencial de la dieta de las personas con cuerpo de aire/agua. Los aceites más recomendables para ellas son el *ghee* de alta calidad, el aceite de coco sin refinar, el aceite de oliva virgen extra y los aceites de aguacate y linaza. Otro grupo de alimentos particularmente aconsejables son las verduras de hoja oscura al vapor, al igual que las frutas dulces, maduras y jugosas (no astringentes). Cualquier tipo de edulcorante es asimismo aconsejable (con la significativa excepción del azúcar refinado).

Plantas y hierbas medicinales terapéuticas: numerosas infusiones de hierbas son beneficiosas para las persona con tipo corporal de aire/agua, aunque estos efectos positivos son menores en el caso de las de sabor amargo y efecto astringentes y las que no genera calor corporal. La opción más adecuada es una combinación de hierbas de sabor picante, otras que estimulen la conexión con la Tierra y otras dulces.

Otros tónicos curativos: angélica, laurel, cardamomo, semillas y raíz de apio, canela, clavo de olor, raíz de elecampana, raíz de hinojo, ginseng silvestre y todos los demás tipos de ginseng, fo-ti, jengibre, zarzaparrilla, sello de Salomón, hierba santa.

Se deben limitar: los alimentos astringentes, estimulantes y que no generan calor.

Se deben eliminar: las bebidas con cafeína, el consumo de tabaco y alcohol, el exceso de alimentos crudos, los alimento congelados y enlatados.

Ventajas: el rápido metabolismo de las personas con tipo corporal de aire / agua hace que procesen mejor las grasas y las comidas abundantes. Pueden tomar grasas saludables en abundancia y comer varios tentempiés a lo largo del día sin perder el equilibrio del organismo.

LA DEPURACIÓN
DE PRÓXIMA GENERACIÓN

12

Preparación para la depuración

Siempre es recomendable comenzar un régimen depurativo con la depuración previa del hígado. En general, un cuerpo nunca funciona de manera óptima siempre que el hígado está sobrecargado. No obstante, hay un motivo aún más importante por el que es primordial realizar primero la depuración hepática. Hasta que no se logra la limpieza del hígado, su carga tóxica impide que el organismo se libere de las nuevas toxinas y las haga fluir al exterior. Ningún proceso de depuración funcionará realmente hasta que las viejas impurezas acumuladas en el hígado sean erradicadas para generar más espacio disponible. Comenzar la depuración por otras partes del cuerpo o tomar bebidas tonificantes que actúen sobre otros órganos es un proceso parcialmente disfuncional. Cuando el hígado está exhausto no puede hacer que la energía fluya a ningún otro lugar del cuerpo. Sería algo así como pretender limpiar el suelo fregándolo con una fregona sucia.

El hígado y los riñones actúan en estrecha colaboración en el proceso de limpiar la sangre con regularidad. Las toxinas se almacenan en el interior del hígado siempre que el organismo alcanza unos niveles de toxinas excesivos para poder excretarlos, o siempre que esas materias residuales son excesivamente tóxicas para que los riñones se encarguen de su excreción. En cierto modo, podría decirse que el hígado se sacrifica a sí mismo cuando todos los demás órganos fracasan en la defensa del cuerpo frente a los antibióticos, los metales pesados, los compuestos químicos extraños al organismo de toda índole y los restantes elementos nocivos presentes en él. Como consecuencia de todo ello son muchas las personas que tienen un hígado manifiestamente deteriorado. Las toxinas más perjudiciales se mantienen en el hígado y tienden a permanecer en él de manera continuada, salvo que se proceda a una intervención con ciertas prácticas de elevada intensidad. La depuración con bebidas no resolverá el problema por sí sola. Ciertamente, será necesaria la ayuda de las plantas medicinales, un plan nutricional de dieta alcalina y, tal vez, aplicación de enemas.

El previsible resultado de una vida demasiado ocupada, un entorno en el que abundan los compuestos químicos agresivos, una dieta de base ácida y la ausencia de consumo de tónicos vegetales medicinales es la existencia de un hígado lesionado e inflamado, demasiado deteriorado para eliminar futuras toxinas. Ese es el preciso momento en el que las enfermedades crónicas se desarrollan y asumen el control de la situación. Este caso es, por desgracia, muy frecuente en nuestro mundo occidental y explica el motivo por el que hay tantas personas con hipersensibilidad a los compuestos químicos y a los alérgenos. Muchos piensan que

una de las principales razones de este escenario la constituyen el intenso tratamiento químico al que se someten los alimentos y el agua que consumimos y todo muestro entorno más inmediato. Con ello, el hígado se sobrecarga de metales pesados que tardan mucho tiempo en ser eliminados. El hígado humano es un órgano con gran capacidad de resistencia y adaptabilidad que puede soportar grandes cargas. Por tanto, no se trata de que comamos muchas hamburguesas con queso o tomemos muchas bebidas carbonatadas: el cuadro obedece más bien a una combinación en la que intervienen el hecho de mantener una alimentación de mala calidad de manera constante y el de estar expuestos a continuos generadores de estrés emocional y medioambiental.

Numerosas culturas del mundo han utilizado técnicas de depuración con líquidos, baños, ayuno y limpieza de colon para alcanzar mayores niveles de purificación del cuerpo y de la mente. La depuración nos enseña a conocer más íntimamente los procesos internos de nuestro propio cuerpo. Tal intimidad va más allá de los órganos, los huesos y las articulaciones, hasta entrar en el ámbito de la respiración, la composición de la sangre, las fuerzas vitales, los órganos internos y las energías más sutiles. Cuando aprendemos a ayudar a nuestro organismo en estos procesos de eliminación, podemos comenzar a acumular energías de bienestar y autocuración.

13

Depuración con tónicos de hierbas y plantas medicinales

Añadir tónicos al proceso de depuración es fácil, aunque se ha de actuar con cautela para que las formulaciones a base de hierbas y plantas medicinales arrojen los resultados deseados. Si estamos practicando una dieta líquida o cualquier otro tipo de régimen dietético, incorporemos dos o tres de estas bebidas tónicas a nuestra alimentación cada día, para mantener la energía en niveles adecuados. No es necesario exagerar el número de plantas con las que se trabaja para elaborar las preparaciones. Cuanto más nos concentren en un determinado grupo de plantas más fácil será seguir el rastro de los efectos que producen y lograr la completa depuración de los órganos en los que nos centremos.

Incorporemos hasta cuatro de estas plantas al programa de depuración, de una o dos categorías, y utilicemos zumos que se ajusten bien a la categoría que hayamos elegido. En la sección de recetas, cada cóctel o combinación de zumos o bebidas se especifica la categoría a la que cada preparación corresponde. De este modo cada uno podrá personalizar su proceso de depuración en virtud de sus necesidades.

FORMULACIONES PARA LA DEPURACIÓN SALUDABLE

Estas formulaciones pueden añadirse al proceso de depuración para potenciar una determinada área del cuerpo. Cuando se busca desintoxicar y mineralizar el hígado se deben utilizar las plantas incluidas en el apartado destinado a las específicas para la depuración del hígado y la vesícula biliar. Si, en cambio, lo que se intenta es deshacerse de unos pocos kilos, lo apropiado es incorporar al régimen dietético las plantas del grupo correspondiente.

Hierbas y plantas para la piel y el pelo: cola de caballo. centella asiática, caléndula, foti, cúrcuma.

Hierbas y plantas para perder peso: tamarindo malabar (*Garcinia cambogia*), granos de café verde, *cha de bugre*, cúrcuma, mangostán, hibisco, bayas de esquisandra.

Hierbas y plantas para el hígado y la vesícula biliar: hojas de alcachofa, chancapiedra, semillas de cardo mariano, raíz de diente de león, raíz de bardana, raíz de cúrcuma, hojas y semillas de ortiga, raíz de hinojo, raíz de uva de Oregón, acedera, corteza de cuasia, ruda, piel de limón, espirulina.

Hierbas y plantas para el estómago y el colon: olmo rojo americano, chía, gynostemma, tulsí, raíz de malvavisco, uña de gato.

Hierbas y plantas para los riñones: cola de caballo, raíz de malvavisco, chancapiedra, semillas y hojas de perejil, bayas de esquisandra, gynostemma, diente de león.

Hierbas y plantas contra el estrés: rodiola, todos los hongos medicinales (reishi, chaga, shiitake, maiitake, etc.), gynostemma, bayas de esquisandra, ginseng).

Hierbas y plantas para las infecciones por *Candida*: lapacho rosado, reishi, chaga, sangre de drago, jergón sacha.

Zumos y bebidas para el cuerpo y la mente

RECETAS DE ZUMOS Y BEBIDAS

Antes de iniciar nuestro recorrido por el mundo de los zumos y bebidas curativos conviene precisar algunos puntos a tener en cuenta. Las recetas están divididas en dos secciones principales. La primera parte muestra el modo en el que debemos preparar una combinación de zumos básicos así como qué tipo de preparaciones podemos elaborar. La segunda parte, el llamado «COMPENDIO DE BEBIDAS MEDICINALES» es una sección más estrictamente medicinal, en la que se tratan más directamente las cualidades curativas de cada preparación.

Conviene asegurarse de tener presentes los siguientes puntos básicos antes de comentar a preparar las bebidas y zumos curativos.

LA IMPORTANCIA DE ADQUIRIR PRODUCTOS VEGETALES ORGÁNICOS

Es esencial adquirir este tipo de productos, a veces algo más costosos, no solo porque tú lo mereces, sino porque en ello estriba la mejora de la calidad del cuidado de tu salud. Si realmente deseas comprobar los efectos positivos de la buena alimentación sobre tu salud, considera las frutas, verduras y plantas medicinales que adquieres como productos de aplicación terapéutica. De este modo sentirás la diferencia física y energética que supone la asunción de este estilo de vida. Si tu presupuesto o la falta de tiempo no te permiten adquirir siempre productos orgánicos, al menos sigue un criterio idóneo al elegir las frutas verduras y hortalizas básicas que compres. Puedes, por ejemplo, seguir la pauta de evitar la adquisición de los ya conocidos *dirty dozen*, la lista de los doce productos vegetales no orgánicos que mayores concentraciones de tóxicos y pesticidas acumulan, que incluye manzanas, fresas, uvas, apio, espinacas, pepinos, pimientos rojos, nectarinas, melocotones, tomates, arándanos y patatas. No obstante, siempre que se pueda, lo ideal es que todos los ingredientes que utilices a diario para la elaboración de los zumos y demás bebidas tónicas sean de cultivo orgánico. Cuando es posible, una buena alternativa más económica que la compra en tiendas, y que asegura también la calidad del producto, es la adquisición de las frutas, verduras y plantas en los mercados en los que los agricultores locales venden directamente sus productos.

SIEMPRE RECIENTE

Toma las preparaciones a diario. Si es posible, elabóralas y tómalas inmediatamente o poco después de haberlas preparado. El contenido nutricional de un zumo en los minutos siguientes a su preparación contiene una carga suplementaria de oxígeno, fitonutrientes y catalizadores enzimáticos sensibles. Los zumos prensados en frío se conservan de manera natural mejor que los elaborados mediante otros métodos y duran hasta 2 días. En cambio, cuando se usa una licuadora centrífuga no es conveniente dejar pasar más de aproximadamente 1 hora antes de consumir el licuado. Dado que las licuadoras centrífugas generan calor, el zumo obtenido con ellas no contiene menos fibra por unidad de líquido que el prensado en frío. Igualmente, los mayores efectos de la oxidación hacen que la integridad molecular del preparado se pierda a una velocidad muy superior.

LOS TÓNICOS DEBEN TOMARSE A DIARIO

Pensamos que los zumos siempre son mucho más eficaces en lo que respecta a la puesta en acción de sus propiedades curativas cuando se toman con regularidad. Es importante establecer una rutina al tomarlos, y creemos, asimismo, que es conveniente alternarlos para afrontar de manera simultánea los correspondientes problemas que alteren nuestro cuerpo y nuestra mente.

Por regla general, es conveniente que los zumos contengan más verdura que fruta. Los zumos de frutas son extraordinarias fuentes de energía y de azúcares esenciales, pero también es importante asegurarse de que se incorporan cantidades sustanciales de verduras de hoja y otras verduras y hortalizas a la dieta. Si aportas a tu dieta diaria un porcentaje significativo de este tipo de vegetales y consumes frutas de bajo índice glucémico notarás la diferencia.

TOMAR SIEMPRE ALIMENTOS DE TEMPORADA

Las funciones del cuerpo están perfectamente sincronizadas con los ritmos estacionales, lo que significa que podemos obtener el máximo beneficio de las frutas y verduras cuando estas están en su mejor momento del año. No te preocupes por no disponer de determinados ingredientes de los que se indican en algunas de las recetas que a continuación se exponen. Pueden reemplazarse por otras frutas o verduras. Conviene ser flexible en lo que respecta a la disponibilidad y seguir la propia intuición en cuanto a lo que el cuerpo desea o necesita. Está claro que la actual disponibilidad a nivel mundial de los más diversos tipos de frutas, plantas medicinales y superalimentos resulta ciertamente atractiva. Sin embargo, lo primero es lo primero: usa lo que tengas a mano. No te preocupes y tómate tu tiempo para ir descubriendo nuevas plantas de milagrosos efectos medicinales; es posible incluso que algunas de ellas crezcan en tu propio entorno.

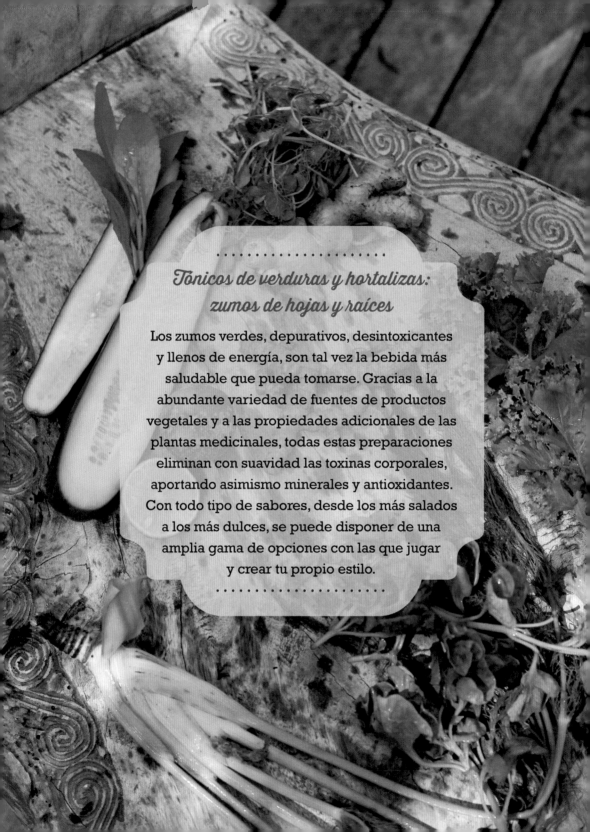

Tónicos de verduras y hortalizas: zumos de hojas y raíces

Los zumos verdes, depurativos, desintoxicantes y llenos de energía, son tal vez la bebida más saludable que pueda tomarse. Gracias a la abundante variedad de fuentes de productos vegetales y a las propiedades adicionales de las plantas medicinales, todas estas preparaciones eliminan con suavidad las toxinas corporales, aportando asimismo minerales y antioxidantes. Con todo tipo de sabores, desde los más salados a los más dulces, se puede disponer de una amplia gama de opciones con las que jugar y crear tu propio estilo.

EL ZUMO VERDE MÁS SENCILLO

Esta es una magnífica receta básica a partir de la cual trabajar para buscar nuevas opciones. Es la mejor clase de zumo sencillo, elaborado con ingredientes fáciles de encontrar. Utiliza esta receta como punto de partida. Se trata de un excelente zumo verde, que cubre todas las necesidades de aporte vegetal. Un vaso proporciona la alcalinidad, la mineralización y los antioxidantes necesarios para una comida.

Para 1 vaso:

> 200 g de piña
> 150 g de apio
> 150 g de col rizada
> 15 ml de limón
> 30 g de jengibre

> **Opcional:** añade 30 g de hojas de diente de león y un pizca de pimienta de cayena en polvo para potenciar el efecto formador de sangre.

1. Incorpora todos los ingredientes a la licuadora, licua y mezcla.

EL MEJOR ALCALINIZANTE

Nuestro cuerpo necesita un pH interno algo superior a 7, ya dentro del intervalo de alcalinidad. Nuestros mecanismos enzimáticos, inmunológicos y de reparación funcionan mejor en un medio alcalino. Sin embargo, nuestros procesos metabólicos —la propia vida, la reparación de tejidos y el metabolismo de los nutrientes— producen un sustancial grado de acidez. Para mantener el equilibrio interno alcalino, necesitamos un aporte diario suficiente de verduras, hortalizas y tónicos de hierbas medicinales que nos ayude a conservar la alcalinidad y a contener el deseo ansioso de alimento.

Para 1 ración

150 g de col rizada
150 g de espinacas
2 tallos de apio
1 pepino
1 puñado de hojas de diente de león
1 puñado de perejil
1 raíz de bardana pequeña
1 cucharadita de raíz de cúrcuma

1. Incorpora todos los ingredientes a la licuadora, licua y mezcla.

PARA DEPURAR LA VESÍCULA

Esta es una de las recetas que puede utilizarse para depurar un órgano corporal, en este caso la vesícula biliar.

  1 coco
  1 cucharadita de agua de aloe
  15 ml de zumo de limón
  1 cucharadita de cúrcuma en polvo
  1 cucharadita de chancapiedra
    en polvo*

1. Abre el coco extrayendo previamente el agua que contiene. Vierte 150 ml del agua de coco en un vaso.

2. Incorpora el resto de los ingredientes a la licuadora, licua, agrega el licuado al vaso y mezcla.

* En el español de Latinoamérica el nombre de la chancapiedra significa «rompedora de piedras» o «desmenuzadora de piedras». Su denominación se debe a que, a lo largo de generaciones, demostró su eficacia entre los indígenas del Amazonas y de las selvas de Centroamérica en la eliminación de los cálculos biliares y renales.

DEPURADOR ENERGIZANTE

Durante un proceso de depuración, a veces notamos que estamos perdiendo energía. Nos sentimos desorientados, con dolores de cabeza y ligeramente ansiosos o fatigados, por lo que necesitamos un aporte de fuerza suplementario que nos ayude a continuar centrados en el proceso. Esta bebida permite mantener a raya los efectos secundarios de la depuración renovando nuestra claridad de ideas y nuestra fuerza para progresar con éxito en el proceso depurativo.

Para 1 ración

  1 coco
  ½ aguacate
  50 g de anarcardos germinados
  150 g de col rizada fresca
  250 g de piña
  1 cucharadita de guanábana en polvo
  1 cucharadita de chancapiedra en polvo
  1 cucharadita de espirulina en polvo

1. Abre el coco extrayendo previamente el agua que contiene. Vierte 150 ml del agua de coco en un vaso.

2. Incorpora el resto de los ingredientes a la licuadora, licua, agrega el licuado al vaso y mezcla.

EL MÉDICO DE LA SELVA

Este es un zumo de sabor intenso y profundo efecto mineralizante.

Se inspira en las tradiciones de las selvas tropicales que incorporan la moringa y la guanábana al proceso de depuración diaria. Estos dos remedios de origen tropical tienen ancestrales y abundantes antecedentes en los registros de fitoterapia de los pueblos indígenas. Desde los Andes del Perú a Costa Rica se han empleado tradicionalmente para tratar los trastornos y los desequilibrios estomacales. Externamente también se han usado para preparar emplastos para vendajes y en el alivio de los dolores producidos por las neuralgias, el reumatismo y la artritis.

Para 1 ración

> 1 hoja de aloe
> 50 ml de agua
> 100 g de hojas de diente de león
> 1 puñado de perejil
> 1 puñado de cilantro
> 100 g de col rizada
> 30 g de limón
> 1 cucharadita de moringa en polvo
> 1 cucharadita de guanábana en polvo

1. Prepara un agua de aloe para utilizarla recién elaborada: raspa el equivalente a 1 o 2 cucharaditas de la sustancia viscosa del interior de la hoja de aloe y mézclala con 50 ml de agua.

2. Licua las hojas de diente de león, el perejil, el cilantro, la col rizada y el limón.

3. Agrega la moringa y la guanábana en polvo y agita bien la mezcla. Pásala de nuevo por la licuadora y vuelve a mezclar.

VACUNA CONTRA LA GRIPE

Esta bebida pondrá en la mejor forma tus sistemas corporales. Nosotros la solemos llamar la «fórmula antiveneno». Te ayudará a combatir los más agresivos resfriados, las infecciones de garganta y cualquier virus gripal o de otro tipo similar que hayas podido contraer.

Para 1 vaso

- 1 cucharadita de jugo de ajo prensado en frío
- 2 cucharaditas de jengibre finamente rallado
- 1 cucharadita de zumo de limón recién exprimido
- 1 cucharadita de vinagre de zumo de manzana
- ¼ de cucharadita de lapacho rosado en polvo
- 30 ml de agua de aloe (preferiblemente recién preparada)
- 1 pizca de pimienta de cayena
- 1 pizca de sal rosa

Opcional: 10 gotas de extracto de sangre de drago.

Nota: El uso de la resina roja conocida como *sangre de drago,* también citada en algunas fuentes como sangre de grado, cuenta con un dilatado historial entre los pueblos indígenas de las selvas tropicales de Latinoamérica. A principios del siglo XVII el naturalista español padre Bernabé Cobo constató que el poder curativo de esta resina era conocido por las tribus indígenas de México, Costa Rica, Perú y Ecuador. Durante siglos, la resina se aplicó sobre las heridas para restañar las hemorragias, acelerar la cicatrización y cubrir las lesiones con objeto de prevenir las infecciones. La resina se seca con rapidez, formando una barrera a modo de «segunda piel».

1. Combina todos los ingredientes; pásalos por la licuadora y mezcla bien.

DEPURADOR DEL RIÑÓN

Este zumo constituye una manera refrescante y agradable de depurar los riñones cada mañana.

Para 1 vaso

> 1 coco
> 1 cucharadita de agua de aloe
> 15 ml de zumo de limón
> 1 cucharadita de solé

1. Abre el coco extrayendo previamente el agua que contiene. Vierte 150 ml del agua de coco en un vaso.

2. Incorpora el resto de los ingredientes a la licuadora, licua, agrega el licuado al vaso, mezcla y disfruta del zumo.

Solé

Pon en un frasco de vidrio 6 cristales gruesos de sal rosa y llénalo de agua. Este es un excelente método de tomar la sal. Ten siempre el frasco a mano para añadir sal a tus bebidas medicinales. La sal termina por disolverse e infusionarse en el agua. Este agua es un excelente recurso tónico para los riñones. Se recomienda una dosis de 1 cucharadita añadida al agua o a los zumos.

Tónicos de frutas:
zumos radiantes y energizantes

Zumos ligeros y refrescantes con una abundante
carga de frutas y hierbas medicinales que aportan
energía y activan el metabolismo.

PIÑA COLADA CON UN TOQUE ORIGINAL

En origen la receta tradicional de la piña colada, sin alcohol, se creó como bebida para potenciar la función del hígado. La piña se utiliza para reducir la inflamación y el coco se emplea como fuente de nutrientes y minerales. Sin el componente alcohólico, la piña colada es en realidad un magnífico tónico hepático, un excelente cóctel que desintoxica el hígado y que está exento de los efectos de las terribles resacas producidas por su homónimo alcohólico.

En esta receta además se incorpora cilantro, que ayuda a que el hígado elimine los residuos de metales pesados acumulados, y un poco de ralladura de cáscara de naranja para relajar el tejido del intestino.

Para 2 vasos

> 1 piña entera
> 1 coco
> 10 g de hojas de cilantro
> Ralladura de cáscara de naranja
> Miel o néctar de agave (opcional)

1. Prensa la piña en frío, obteniendo aproximadamente 250 ml de zumo.

2. Extrae el agua del coco pasándola a la licuadora. Extrae unos 250 g de la pulpa del coco y lícuala, mezclada con el agua de coco hasta obtener un licuado de consistencia cremosa. Extrae de la licuadora todo el contenido, excepto 250 ml, reservándolo para otro uso.

3. Añade el cilantro (reduciendo la cantidad si prefieres que su sabor sea menos predominante), la ralladura de cáscara de naranja y la miel, licua y mezcla el licuado hasta obtener un líquido cremoso y uniforme.

BAYAS Y CÁSCARAS

*Con esta mezcla de bayas
y cáscaras se obtiene un aporte
extraordinariamente potente de
vitamina C. El camu camu,
el mangostán y el açai son tres de
los frutos de las especies de las selvas
tropicales más apreciados.
Contienen una abundante cantidad
de antioxidantes compuestos
fitoquímicos y minerales.*

Para 1-2 vasos

> 200 g de arándanos azules congelados
> 200 g de frutos de açai congelados
> 1 plátano congelado
> 1 cucharadita de polvo de cáscara
>   de mangostán
> 1 cucharadita de polvo de cáscara
>   de camu camu
> ½ l de agua
> 1-2 dátiles

1. Licua y mezcla los ingredientes y ¡disfruta de la bebida!

Nota: el camu camu es uno de los más apreciados frutos de las plantas de las selvas tropicales y es la mayor fuente natural de vitamina C conocida en el planeta. En comparación con una naranja, el camu camu aporta 30 veces más vitamina C, 10 veces más hierro, 3 veces más niacina (vitamina B$_3$), 2 veces más rivoflavina (vitamina B$_2$) y 1 vez y media más fósforo.

ELIXIR ENERGÉTICO

Nos encanta combinar los reguladores del azúcar en sangre (la glucemia) con frutas. El lapacho rosado y la uña de gato son dos extraordinarios tónicos utilizados tradicionalmente por los pueblos de las selvas tropicales, debido a sus propiedades anticandidiásicas y antimicrobianas. Además de inducir otros muchos efectos, regulan la glucemia y el ansia por tomar alimentos dulces. Tomar un batido o **smoothie** *de frutas con esos complementos medicinales es el mejor modo de metabolizar los azúcares y de reequilibrar las hormonas. Numerosas tribus de Costa Rica, Perú y Brasil llamaron al lapacho rosado «el árbol divino». Según la especialista en fitoterapia tropical Leslie Taylor, los productos obtenidos del árbol «contribuyen a aumentar la producción de eritrocitos y a mejorar los trastornos respiratorios, las úlceras, la colonización por el hongo Candida y el pie de atleta».*

Nota: En Centroamérica y Sudamérica, son muchas las tribus indígenas que han empleado el lapacho rosado, aplicándolo a esos mismo fines durante siglos.

Para 1-2 vasos

- 400 ml de leche de almendras (véase bajo estas líneas)
- 1 plátano congelado grande
- 200 g de arándanos azules congelados
- 2 cucharadas de semillas de cáñamo
- 1 cucharadas de granos de cacao
- 200 g de col rizada
- 1 cucharadita de polvo de uña de gato
- 1 cucharadita de polvo de lapacho rosado

1. Licua y mezcla los ingredientes y ¡disfruta de la bebida!

Leche de frutos secos

La leche de frutos secos, empleada en varias recetas de este libro, es fácil de hacer en casa. Lo ideal es tener los frutos secos en remojo con agua durante 1 o 2 horas antes de prepararla. En una licuadora, combina 150 g de frutos secos con medio litro de agua. Cuela la leche con un paño de malla fina y presiona la pulpa. Si optas por adquirir una ya elaborada en una tienda, asegúrate de que no contiene edulcorantes.

TÓNICO ENERGIZANTE DE REMOLACHA

    1 remolacha
    1 pepino
    2 manzanas verdes
    1 trozo pequeño de jengibre
    1 cucharadita de extracto de ginseng

1. Licua la remolacha, el pepino, las manzanas y el jengibre. Combina los zumos en un vaso mezclador.
2. Agrega el extracto de ginseng y agita bien.

TÓNICO PARA LA MUJER

Este tónico frutal y estimulante tiene como objetivo equilibrar las fluctuaciones hormonales inducidas por los cambios en el ciclo lunar. El cohosh negro o cimífuga y el ñame silvestre son dos potentes plantas medicinales propias de Norteamérica y Sudamérica que, según se ha demostrado en estudios clínicos, ejercen un efecto beneficioso sobe el útero de la mujer. Algunos consideran la fertilidad como algo que hay que temer o que es intrínsecamente negativo, salvo que se desee un embarazo. Pero el hecho es que el término **fértil** *significa «productivo», «rico, «abundante, en resumen, «sano». Es como elegir una fruta jugosa, perfectamente madura y colorida, con toda su riqueza y sus semillas, y después rechazarla. Nosotros deseamos que las frutas tengan sus semillas y sean una magnífica fuente de nutrientes. En las culturas nativas de la selva tropical la fertilidad es sinónimo de salud y equilibrio con la naturaleza. Para la mayoría de las tribus de este entorno la fertilidad determina el perfecto equilibrio entre corazón y mente. Esta receta y la siguiente guardan estrecha relación con las formulaciones tradicionales para que la mujer y el hombre vean potenciado su cuerpo con una fertilidad esencial.*

Para 2-3 vasos

350 ml de zumo de sandía prensado
    en frío
150 ml de agua de coco recién
    obtenida
100 ml de zumo de remolacha
50 ml de zumo de jengibre
3 escaramujos frescos licuados
    o ½ cucharadita de polvo de
    escaramujo desecado
½ cucharadita de extracto de cohosh
    negro (o 1 cucharadita de polvo
    de la planta desecada)
1 cucharadita de extracto de ñame
    silvestre (o 1 cucharadita de polvo
    de la planta desecada)
½ cucharadita de polvo de muira
    puama
Hielo

1. Combina el zumo de sandía, el agua de coco y los zumos de remolacha, el jengibre y el escaramujo. Agita la mezcla.

2. Combina la mezcla líquida con el resto de los ingredientes: cohosh negro, ñame silvestre y miura puama. Si usas polvo de escaramujo desecado en vez de escaramujos frescos licuados, agrégalos en este punto.

3. Vierte la mezcla en un vaso mezclador con hielo y agita. Cuela el líquido pasándolo a un vaso y ¡disfruta de la bebida!

Nota: El muira puama también se conoce como «árbol de la potencia». En la medicina natural brasileña el muira puama continúa considerándose un potente estimulante sexual, con reconocida reputación de agente afrodisíaco. Se emplea como tónico para la debilidad sexual y para tratar los trastornos menstruales, la impotencia sexual y algunos trastornos del sistema nervioso central.

TÓNICO PARA EL HOMBRE

Para el hombre resulta de vital importancia mantener su próstata sana y fértil. A medida que envejecen son muchos los hombres que presentan algún trastorno prostático. La próstata es una glándula del tamaño de una nuez situada inmediatamente por debajo de la vejiga, cuyas funciones son aportar nutrientes al esperma, favorecer la circulación en los músculos del área genitourinaria y facilitar la expulsión de los espermatozoides (eyaculación). Para mantener su virilidad, los hombres necesitan conservar la funcionalidad de los espermatozoides y una condición fértil, que contribuye a prevenir los trastornos prostáticos al envejecer. El palmito, la suma y el yohimbe son destacados tónicos conocidos por aportar vigor, energía y potencia a la función prostática.

Para 2 vasos

> 300 ml de leche de almendras (véase página 86)
> 250 mg de papaya cortada
> 1 cucharadita de semillas de papaya frescas
> 4 rambutanes pelados*
> 1 cucharada de granos de cacao
> 1 cucharadita de polvo de muira puama
> 1 cucharadita de raíz de suma
> ½ cucharadita de polvo de yohimbe
> 1 dátil

1. Licua, mezcla los ingredientes y ¡disfruta de la bebida!

Nota: en Sudamérica la suma es conocida como ginseng brasileño o por el apelativo de «para todo». La raíz de suma se ha utilizado durante muchas generaciones como adaptógeno y tónico regenerativo. Es asimismo un magnífico energizante adecuado para tratar el agotamiento, la fatiga crónica, la disminución de la libido, la diabetes y los estados de recuperación de procesos cancerosos. Es por otra parte un componente curativo general de numerosos tipos de dolencias.

---

* Si no es posible encontrar rambutanes pueden reemplazarse por 250 gramos de arándanos.

Infusiones y decocciones: bebidas reconfortantes

Estas nutritivas y deliciosas recetas son
magníficas muestras de los sabores
y los nutrientes que favorecen una salud óptima.
Disfruta de ellas y siente los efectos
de las propiedades que son intrínsecas
a su propia esencia.

CHOCOLATE CALIENTE CON REISHI

Esta dulce y sabrosa taza de cacao tiene también el poder potenciador de la función inmunitaria del reishi.

Nota: el hongo reishi se utiliza para estimular el sistema inmunitario, a fin de proteger el organismo de procesos que van desde las infecciones víricas a trastornos pulmonares, como el asma o la bronquitis. Ha contribuido también en buena medida a reducir la incidencia de las dolencias cardíacas y de alteraciones como la presión arterial elevada o el incremento de las concentraciones de colesterol.

Para 1 taza

1 cucharadita de polvo de hongo reishi
   por 3 cucharadas de cacao en polvo
1 cucharadita de aceite de coco
¼ de cucharadita de canela
1 cucharadita de vainilla
1 pizca de pimienta de cayena
Agua caliente
Leche, al gusto

1. Pon el reishi, el cacao, el aceite de coco, la canela, la vainilla y la cayena en una taza de agua caliente y mezcla bien. Añade leche a tu gusto.

TÉ CHAI DE CHAGA

Este singular y reconfortante té chai se caracteriza por su potente efecto curativo. Los chais, o infusiones aromatizadas con especias, se han considerado durante siglos como excelentes y aromáticas fuentes de nutrientes, celebradas por su capacidad para preparar el estómago para la digestión. Suelen tomarse antes y después de las comidas para que las especias curativas depuren el sistema digestivo.

Para 1 taza

> 1 l de agua
> 1/2 cucharadita de canela
> 1 trozo pequeño de jengibre fresco
> Unos pocos clavos de olor
> 1 cucharadita de chaga
> 1 cucharadita de raíz de diente de león tostada
> 1 cucharadita de té negro Earl Grey (puede prescindirse de ella si se desea preparar una bebida sin cafeína)
> 1 cucharadita de vainas de cardamomo
> 1 cucharadita de polvo o extracto de vainilla
> 100 ml de leche de frutos secos

Nota: en la actualidad, la chaga está siendo estudiada con profusión por considerarse uno de los recursos naturales más eficaces contra el crecimiento tumoral.

1. Pon el agua en un cazo y añádele la canela, el jengibre, los clavos, la chaga y la raíz de diente de león, llevando a ebullición.

2. Después de unos 15 minutos baja el fuego y agrega el té, el cardamomo y la vainilla. Déjalos en infusión unos 10 minutos más y pasa la mezcla por un colador.

3. Añade la leche de frutos secos y un edulcorante a tu gusto.

AGUA FLORAL VITAMINADA

Las propiedades farmacológicas de las flores son de lo más variado.
La tradición de las esencias florales es tan antigua como la propia historia
de la medicina. ¿Sabías que agregar hierbas y flores medicinales al agua es
un modo de filtrarla de manera natural y de potenciar sus propiedades
electrolíticas? Una acción tan sencilla no solamente embellece y enriquece
este recurso, el más imprescindible para el cuerpo, sino que también constituye
la mejor forma de optimizar la hidratación.

Nota: en las tradiciones nativas de Costa Rica, las aguas florales se empleaban y continúan empleándose en las «limpias», como allí se conocen las limpiezas o depuraciones espirituales. Tradicionalmente son curanderas las que preparan el agua floral con la que se baña a la persona, con objeto de erradicar su energía negativa, librarla del mal de ojo y corregir su desequilibrio emocional. El tratamiento se considera una forma de renacer espiritual que se supone que debe practicarse de forma periódica.

Para 2-3 vasos

> 2 litros de agua filtrada
> 2-3 ramilletes de flores de manzanilla
> 1 rama de romero fresco
> 2-3 ramilletes de flores de lavanda frescas

1. Llena un frasco o botella de vidrio con el agua filtrada.

2. Introduce las plantas, con los tallos, en el agua.

3. Guarda el recipiente en la nevera para que el agua esté fría o añádele hielo antes de beberla.

TÓNICO PARA LOS MÚSCULOS Y LAS ARTICULACIONES

Esta infusión de hierbas contiene cola de caballo y consuelda, dos potentes tónicos conocidos por su efecto potenciador de la fuerza de los huesos, de tonificación y recuperación de los tejidos.

Para 1 taza

½ l de agua
30 ml de zumo de limón
100 g de hojas de consuelda
100 g de hojas de cola de caballo

1. En un cazo, lleva el agua a ebullición.

2. Agrega el zumo de limón y las hojas de consuelda y cola de caballo, dejándolos cocer a fuego bajo durante 20-30 minutos.

3. Cuela el líquido y ¡disfruta de la bebida!

AGUA DESINTOXICANTE DE CÚRCUMA

Este agua es una bebida hidratante y antiinflamatoria que puede tomarse en cualquier momento del día.

Para 1-2 vasos

- 1 cucharadita de cúrcuma
- 30 ml de zumo de limón
- 350 ml litros de agua
- 30 g de jengibre prensado en frío
- 1 cucharadita de miel o de jarabe de arce
- Hielo (opcional)

1. Agrega la cúrcuma y el zumo de limón al agua y revuelve bien.

2. Añade el jengibre y la miel y vuelve a mezclar de nuevo.

3. Agrega los cubitos de hielo o mete la mezcla en la nevera para que se enfríe. Esta preparación también puede hacerse con agua tibia en vez de con hielo o agua fría. ¡Disfruta de ella!

LECHE DE MEZQUITE Y PISTACHO

Esta es una exquisita leche energizante y curativa, con mezquite y bufera (o ashwagandha), que proporcionan energía y fuerza vigorizante.

- 600 ml de leche de pistachos (véase página 86)
- 1 cucharada de polvo de mezquite
- 1 cucharada de polvo de bufera (o ashwagandha)
- 1 cucharada de miel u otro edulcorante

1. Licua y mezcla todos los ingredientes y ¡disfruta de la bebida!

Tónicos energizantes:
bebidas densas y cremosas

Estos *smoothies* son deliciosos
y nos ayudan a centrarnos,
incluso en los días más ajetreados.

SMOOTHIE DE CHOCOLATE Y HONGOS

Esta es sin duda una de nuestras recetas favoritas. Es uno de esos smoothies
*de efectos tonificantes que pueden tomarse a diario. Es difícil cansarse de él
y el cuerpo siempre se beneficia de los nutrientes que aporta. Este* smoothie *posee
una ingente capacidad de potenciación del sistema inmunitario, y proporciona los
minerales necesarios para el día y hace que se libere la suficiente dopamina como
para ver fortalecida la propia energía mental. Los hongos ejercen una milagrosa
acción energizante que fomenta la percepción de una experiencia de salud plena.*

Para 1-2 raciones

3 plátanos congelados (pelados antes de introducirlos en el congelador)
2 dátiles
1 cucharada de miel o azúcar de coco
2 cucharadas de cacao en polvo
1 cucharadita de polvo de reishi
1 cucharadita de chaga
½ cucharadita de polvo de cáscara de mangostán
½ l de leche de almendras (véase página 86)
1/3 de cucharadita de canela
1 pizca de pimienta de cayena
unos cuantos cubitos de hielo

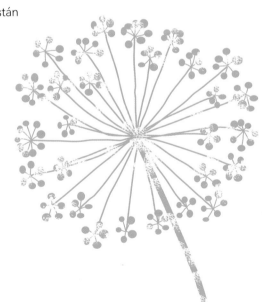

1. Licua y mezcla los ingredientes hasta obtener
   un líquido cremoso uniforme.

LECHE DE ORO

Te encantará esta cremosa
leche antiinflamatoria
con un reconstituyente toque de
cúrcuma, también llamada oro indio
(de ahí el nombre de la bebida).

Para 2-3 vasos

> ½ l de leche de anarcardos (véase
> página 86)
> 1 cucharada de cúrcuma en polvo
> 1 pizca de pimienta negra
> ½ cucharadita de canela
> 1 dátil
> stevia o jarabe de arce para endulzar
> (opcional)

Nota: la adición de pimienta negra optimiza la absorción de la cúrcuma potenciando su efecto medicinal en el cuerpo.

1. Combina en una licuadora la leche de anacardos, la cúrcuma, la pimienta, la canela y el dátil, mezclando bien.

2. Prueba la mezcla y añade stevia hasta alcanzar el nivel de dulzor que desees.

DEPURADOR HEPÁTICO

Para 1 vaso

> 250 g de piña en trozos ´
> 1 fruta de la pasión (maracuyá) entera
> ½ aguacate
> 50 g de perejil
> 150 g de col rizada
> 1 cucharadita de zumo de limón
> 1 cucharadita de polvo de moringa
> 1 cucharadita de polvo de guanábana
> 2 o 3 cubitos de hielo
> Agua, según sea necesaria

1. Licua y mezcla los ingredientes hasta obtener una crema uniforme, ajustando la cantidad de agua a fin de lograr la consistencia deseada.

SMOOTHIE DE GOJI Y MORINGA

Este smoothie *de fantástico efecto energizante y mineralizante tiene el sabor dulce de la uva blanca con el de las bayas de goji. En los pueblos indígenas de Costa Rica se beben infusiones de granos de café verde para aumentar la energía y la fuerza. Los integrantes de las tribus suelen tomar estas infusiones por la mañana, antes de recorrer los largos y tortuosos caminos que atraviesan las montañas.*

Nota: los granos de café verde tienen una mayor concentración de ácido clorogénico que los granos de café tostado normales. Se cree que el ácido clorogénico del café verde ejerce efectos saludables que previenen las cardiopatías y la diabetes y favorecen la pérdida de peso, entre otras cosas.

Para 1 vaso

150 g de col rizada
2 plátanos congelados
50 g de bayas de goji desecadas
400 g de uvas blancas congeladas
1 cucharadita de polvo de moringa
1 cucharadita de granos de café verde
De ¼ a ½ l de agua

1. Bate los ingredientes hasta obtener una mezcla uniforme.

SMOOTHIE CON SUPLEMENTO DE HIERRO

Este smoothie *proporciona energía y una dosis suplementaria de hierro.*

Para 1 vaso

1 manojo de hojas de col rizada negra (lacinato) o de otra verdura de hoja oscura
1 manojo de espinacas
1 tallo de apio
½ pepino de tamaño mediano
1 puñado de hierbas (perejil, cilantro, hojas de diente de león)
1 trozo pequeño de jengibre picado
1 cucharadita de tónico madre nutritivo (véase receta en página 143).
1 cucharadita de espirulina
1 cucharadita de alga Chlorella
1 pizca de sal
El zumo de medio limón o media lima
250 ml de agua de coco o de agua
2-3 dátiles
1 plátano congelado, cortado en trozos

1. Bate los ingredientes hasta obtener una mezcla cremosa y uniforme y ¡disfruta de la bebida!

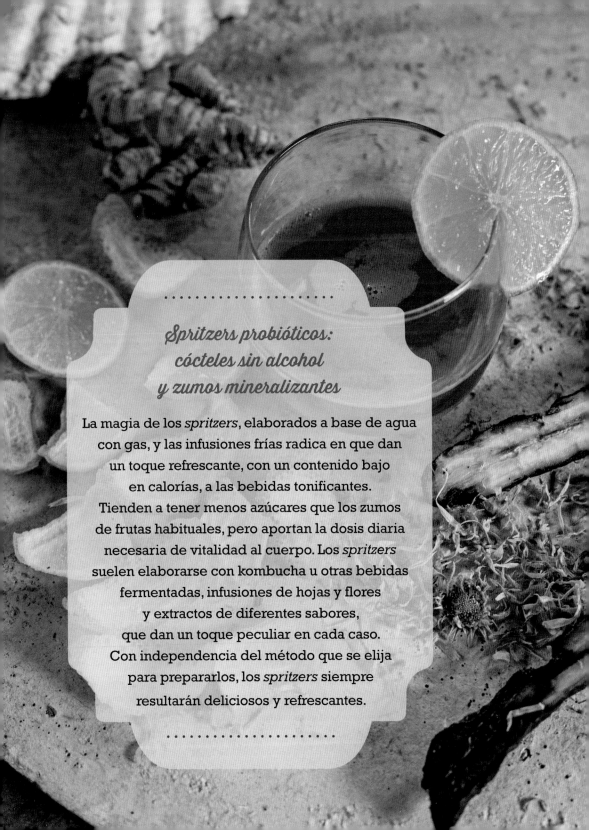

Spritzers probióticos: cócteles sin alcohol y zumos mineralizantes

La magia de los *spritzers*, elaborados a base de agua
con gas, y las infusiones frías radica en que dan
un toque refrescante, con un contenido bajo
en calorías, a las bebidas tonificantes.
Tienden a tener menos azúcares que los zumos
de frutas habituales, pero aportan la dosis diaria
necesaria de vitalidad al cuerpo. Los *spritzers*
suelen elaborarse con kombucha u otras bebidas
fermentadas, infusiones de hojas y flores
y extractos de diferentes sabores,
que dan un toque peculiar en cada caso.
Con independencia del método que se elija
para prepararlos, los *spritzers* siempre
resultarán deliciosos y refrescantes.

SPRITZ PROBIÓTICO DE ESQUISANDRA Y JENGIBRE

Este tónico, refrescante, ácido y con un punto picante,
contiene una saludable dosis de probióticos que restablecen la alcalinidad
y refuerzan la salud del intestino.

Para 2 vasos

½ l de agua
100 g de bayas de esquisandra
250 ml de kombucha comercial* sin sabor añadido
100 ml de jugo de jengibre prensado en frío
2 cucharaditas de zumo de limón
250 ml de agua con gas
Néctar de agave o stevia

1. Pon el agua a hervir, Agrega las bayas de esquisandra al cazo y cuece a fuego bajo durante unos 30 minutos. Una vez que la cuarta parte o la mitad del agua se ha evaporado, fíltrala.

2. Mezcla el jugo de jengibre, el zumo de limón y la kombucha con la infusión de bayas. A continuación divide la mezcla en dos vasos.

3. Reparte el agua con gas en los dos vasos y endulza con el néctar de agave a tu gusto.

---

* Puede optarse por la marca de kombucha que nos merezca más confianza.

LIMONADA CON GAS DE GYNOSTEMMA Y ALBAHACA

La gynostemma, el tónico por excelencia, es conocida como «la hoja milagro».
Se trata de una de las plantas medicinales de mayor prestigio en Asia por sus
efectos favorecedores de la longevidad y por sus propiedades antienvejecimiento
y antioxidantes. Una de las milagrosas capacidades de la gynostemma es su
soporte de la actividad saludable del sistema inmunitario. Tradicionalmente la
planta ha sido admirada por sus extraordinarios efectos cardiovasculares y
digestivos. Son muchos los que alaban este tónico por su capacidad para mitigar
de inmediato las molestias intestinales, esto lo convierte en una magnífica
posibilidad como infusión para tomar después de hacer la digestión. Su sabor
dulce natural hace que pueda utilizarse virtualmente para cualquier aplicación.

Para 2 vasos

2 cucharadas de gynostemma
100 ml de zumo de limón
Hielo
250 ml de agua con gas

½ l de agua casi hirviendo
Jarabe de arce, stevia u otro edulcorante
1 manojo de albahaca fresca

Nota: la gynostemma, también conocida como yaogulan, es un adaptógeno y un antioxidante cuyos constituyentes químicos (saponinas) tienen propiedades semejantes a las del ginseng. Las infusiones preparadas con ella son apreciadas por sus beneficiosos efectos de protección antioxidante y cardiovasculares.

1. Agrega la gynostemma al agua casi hirviendo y déjala en infusión durante unos 15 minutos, colando la infusión a continuación.
2. Guarda la infusión en la nevera para que se enfríe o espera a que esté templada.
3. Añade el zumo de limón.
4. Endulza con jarabe de arce o stevia según tu gusto.
5. Llena dos vasos con cubitos de hielo y las hojas de albahaca, vierte en ellos la mezcla y agrega el agua con gas.

Nota: cuanto más tiempo pasen en la nevera este tipo de combinaciones, mejor será el resultado. Pueden prepararse cantidades mayores incorporando todos los ingredientes excepto el hielo y guardando la mezcla en el frigorífico. Pasadas 24 horas, el sutil y exquisito aroma de la albahaca se habrá fusionado con el de la gynostemma.

GASEOSA DE VITAMINA C

Existen numerosas fuentes de vitamina C. Este refrescante tónico potencia el zumo de pomelo normal con una dosis suplementaria de antioxidantes, aportados por la hojas de gynostemma, con su dulzor natural, y por el hibisco amargo. La infusión de estas dos excepcionales plantas produce un delicioso néctar, enriquecido con una dosis extra de nutrientes.

Para 1-2 vasos

> 1 cucharada de infusión de gynostemma
> 2 cucharadas de flor de hibisco
> 250 ml de agua hirviendo
> 10 ml de jugo de remolacha
> 150 ml de zumo de pomelo
> 100 ml de jugo de jengibre prensado en frío
> 1 cucharadita de polvo de camu camu
> Hielo
> Agua con gas

1. Agrega la infusión de gynostemma y el hisbisco al agua hirviendo y déjalos en infusión.

2. Trascurridos unos 15 minutos, cuela la mezcla.

3. Reserva la infusión en la nevera hasta que se enfríe, o espera a que esté templada.

4. Combina la infusión, ya fría o atemperada, con el jugo de remolacha, el zumo de pomelo, el jugo de jengibre y el camu camu.

5. Llena los vasos con hielo hasta aproximadamente dos tercios de su altura con la mezcla y completa con el agua con gas.

AGUA FRESCA DE SANDÍA, ALOE Y CHÍA

*Esta bebida es una deliciosa manera de nutrir el sistema digestivo y los riñones.
El aloe y la chía se han empleado durante siglos en el tratamiento
de los desequilibrios renales. Una vez hidratada, la chía se transforma
en una sustancia pastosa de textura similar a la del contenido blanquecino de
las hojas de aloe. Ambas materias untuosas son muy similares al revestimiento
de nuestro intestino.*

Para 2 vasos

> 350 ml de zumo de sandía prensado en frío
> 250 ml de jugo de aloe recién preparado
> 2 cucharadas de semillas de chía
> 30 ml de zumo de lima o limón
> 1 manojo de hojas de menta
> Hielo

1. En una batidora mezcla el zumo de sandía, el jugo de aloe, las semillas de chía y el zumo de lima o limón. Mantén en funcionamiento la batidora durante unos segundos para disolver el aloe y hacer que se abran las semilla de chía.

2. Frota las hojas de menta mezclándolas con los cubitos de hielo.

3. Agrega la mezcla de zumos y ¡disfruta de esta agua fresca!

SPRITZ DE PONCHE CON RODIOLA

Esta bebida rica en probióticos vírgenes es un potente tónico vegetal.
Al probar esta exquisita combinación de plantas medicinales estimulantes,
comprobarás cómo sientes nuevas energías de forma natural.

Para 6-8 vasos

1/2 litro de agua hirviendo
2 bolsitas de té negro (o 2 cucharaditas de hojas de té negro puestas en infusión
    en una tetera)
2 vainas de canela
6 vainas de cardamomo
150 g de azúcar de coco o 150 ml de néctar de agave
50 g de bayas de goji
750 ml de zumo de granada recién preparado
250 ml de zumo de naranja recién exprimido
5 g de extracto de damiana
15 mg de extracto de rodiola
15 ml de tónico madre nutritivo (véase la página 143)
1 naranja de tamaño medio cortada en rodajas finas
1 lima de tamaño medio cortada en rodajas finas
1 manzana verde de tamaño medio cortada en trozos pequeños
250 ml de agua con gas

1. Vierte el agua hirviendo sobre los sobres de té, la canela y el cardamomo, y deja la mezcla en infusión durante unos 5 minutos. Retira las bolsas de té y agrega el azúcar, agitando la mezcla hasta que se disuelva.

2. Bate las bayas de goji en una batidora a alta velocidad con el agua apenas suficiente para obtener una pasta cremosa.

3. En una jarra o una ponchera grande, combina el té, las bayas de goji batidas, el zumo de granada, el zumo de naranja, el extracto de damiana, el extracto de rodiola, el tónico madre, las rodajas de naranja y de lima y los trozos de manzana. Guarda la mezcla en el refrigerador durante al menos 1 hora o, preferiblemente, durante toda la noche. Inmediatamente antes de servir añade el agua con gas. Sirve el ponche en vasos con hielo.

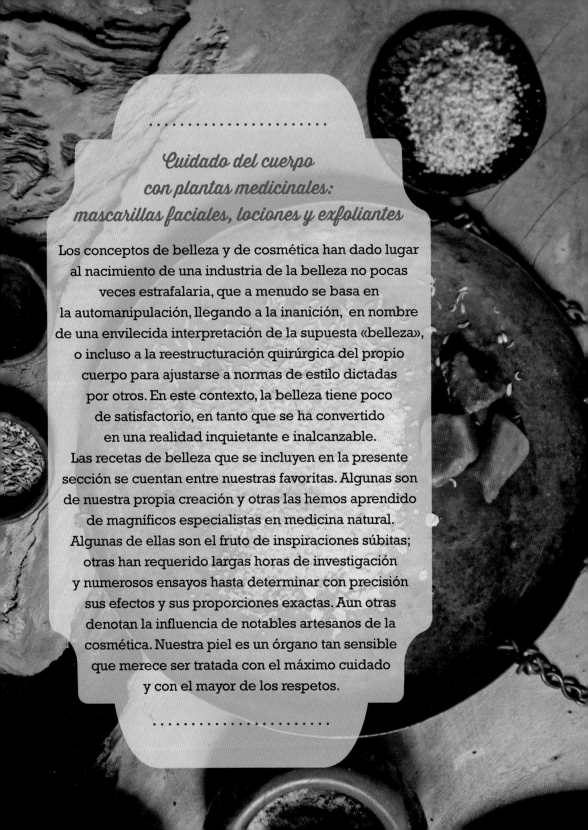

Cuidado del cuerpo con plantas medicinales: mascarillas faciales, lociones y exfoliantes

Los conceptos de belleza y de cosmética han dado lugar al nacimiento de una industria de la belleza no pocas veces estrafalaria, que a menudo se basa en la automanipulación, llegando a la inanición, en nombre de una envilecida interpretación de la supuesta «belleza», o incluso a la reestructuración quirúrgica del propio cuerpo para ajustarse a normas de estilo dictadas por otros. En este contexto, la belleza tiene poco de satisfactorio, en tanto que se ha convertido en una realidad inquietante e inalcanzable. Las recetas de belleza que se incluyen en la presente sección se cuentan entre nuestras favoritas. Algunas son de nuestra propia creación y otras las hemos aprendido de magníficos especialistas en medicina natural. Algunas de ellas son el fruto de inspiraciones súbitas; otras han requerido largas horas de investigación y numerosos ensayos hasta determinar con precisión sus efectos y sus proporciones exactas. Aun otras denotan la influencia de notables artesanos de la cosmética. Nuestra piel es un órgano tan sensible que merece ser tratada con el máximo cuidado y con el mayor de los respetos.

EXFOLIANTE DE CAFÉ Y AZÚCAR SIN REFINAR

Los exfoliantes son sensacionales estimulantes linfáticos. Unas friegas vigorosas con uno de ellos hace que el sistema linfático vea optimizada su función, de modo que podamos depurar el organismo, excretar las toxinas y otras de sus materias residuales.

En general el sistema linfático no suele ser objeto de gran atención. Son muchos los que creen que la depuración se centra solo en el aparato digestivo y, en concreto, en el intestino, cuando, en realidad, nuestro sistema linfático desempeña un papel de la máxima importancia en los procesos de eliminación. Dos formas esenciales con las que se produce la activación linfática son la sudoración y las prácticas manuales (masaje, exfoliación, etc.).

5 partes de azúcar moreno sin refinar
3 partes de café molido
2 partes de aceite de coco sin refinar
1 toque de extracto de vainilla

1. Mezcla el azúcar y el café.
2. Añade el aceite de cono y la vainilla, amasando lentamente con las manos.

Las reglas básicas para lograr una piel radiante

1. Utiliza productos que no contengan componentes de origen animal y no hayan sido probados en animales.
2. Elabora tus propios cosméticos, siempre que sea posible.
3. Utiliza fuentes vegetales y plantas medicinales como ingredientes.

SALES DE BAÑO ROSAS CON AVENA

Calor + sal = piel y órganos linfáticos saludables. La dilatación de los poros por medio de un vaporoso baño, con adición de exquisitas sales de baño resulta clave para mantener una piel en perfecto estado y un sistema linfático depurado.

    4 partes de sales de Epsom
    3 partes de sal rosa
    2 partes de avena
    1 parte de semillas de cáñamo
    Añade aceite esencia de ilang-ilang a tu gusto.

1. Mezcla todos los ingredientes.
2. Utiliza tus sales de baño disfrutando de ellas siempre que lo necesites.

SUERO FACIAL DORADO

Constantemente decimos a quienes nos consultan que tengan cuidado con los aceites y cosméticos faciales. Son muchas las maneras mediante las cuales cosméticos costosos y muchas veces perjudiciales pueden arruinar una piel sensible. Si dedicas un rato a leer con detenimiento la lista de componentes de los sueros preparados comercialmente, comprobarás que en su mayor parte son costosas combinaciones de compuestos químicos que en realidad nunca deberíamos aplicarnos sobre la cara. Es sencillo preparar tus propias combinaciones realmente saludables, tanto para tu piel como para tu bolsillo.

> 1 cucharada de aceite de jojoba
> 2 cucharaditas de aceite de rosa
>   mosqueta
> 1 cucharadita de aceite de semillas
>   de albaricoque
> 4 gotas de aceite esencial de
>   caléndula
> 4 gotas de aceite de sándalo
> 2 gotas de aceite de semillas
>   de zanahoria

1. Combina los ingredientes y mézclalos bien.

El ritual del cuidado de la piel

Este delicioso ritual proporciona una piel verdaderamente radiante. Recomendamos realizarlo 3 veces a la semana.

1. Por la mañana, al ducharte, cubre toda tu piel con exfoliante de café y azúcar sin refinar (véase la página 114); frótatelo bien por toda la piel con movimientos circulares y aclárate cuidadosamente.

2. Aplícate el mejor aceite corporal (véase la página 117) después de la ducha para nutrir tu piel.

3. Cierra los poros de tu piel con la fragancia en spray del chakra del corazón (véase la página 118) o el agua de la reina de Hungría (véase la página 121).

4. Por la noche, toma un baño con sales de baño rosas con avena (véase la página 115).

5. Concluye en ritual empleando la crema perfecta (véase la página 124).

MASCARILLA DE AGUACATE Y ARCILLA

Esta mascarilla suaviza la piel y depura los poros.

Para 1 aplicación

- 1 cucharadita de arcilla de bentonita
- 1 cucharadita de aguacate fresco
- 1 o 2 cucharaditas de agua (o más si es necesario)
- 3 gotas de aceite esencial de geranio rosa

1. Mezcla la arcilla con el aguacate, formando una pasta densa.

2. Añade lentamente agua tibia, haciendo que la pasta vaya aligerándose poco a poco.

3. Agrega el aceite esencial y mezcla.

4. Aplica la mascarilla directamente sobre la cara y el cuello con movimientos circulares..

5. Déjatela puesta durante 10-15 minutos hasta que se endurezca.

6. Retira la mascarilla con un paño mojado en agua caliente (con el agua caliente se evita el exceso de roce al retirarla).

EL MEJOR ACEITE CORPORAL

He aquí un refinado y nutriente aceite corporal, con un sugestivo aroma floral.

- 1 cucharada de aceite de aguacate
- 2 cucharaditas de aceite de rosa mosqueta
- 1 cucharadita de aceite de argán o de aceite de semillas de albaricoque
- 1 cucharadita de aceite de jojoba.
- 10 gotas de aceite de semillas de zanahoria
- 5 gotas de aceite esencial de naranja o de pomelo
- 3 gotas de aceite esencial de sándalo
- 3 gotas de aceite esencial de geranio rosa

1. Mezcla bien todos los ingredientes.

FRAGANCIA EN SPRAY DEL CHAKRA DEL CORAZÓN

El agua floral es, técnicamente, un hidrosol, no un destilado. Sin embargo, la instalación de un pequeño laboratorio doméstico de destilación no deja de resultar una experiencia gratificante. Las aguas florales son excelentes por sus cualidades en el ámbito de la aromaterapia, como lociones rociadas refrescantes y como fuentes de energía depurativa. En el mundo del chamanismo las aguas florales se utilizan en las denominadas «limpias», en las que las almas son depuradas de todas las impurezas y las malas energías de las que están impregnadas.

 7 partes de agua
 3 partes de vodka de 50°
 4 partes de aceite esencial de rosas
 4 partes de aceite esencial de palo santo
 2 partes de aceite esencial de jazmín

1. Combina el agua y el vodka.

2. Mezcla los aceites esenciales de rosa, palo santo y jazmín.

3. Añade los aceites a la solución de agua y alcohol y vierte el conjunto a una botella de spray.

4. Nebuliza el líquido y disfruta de él.

AGUA DE LA REINA DE HUNGRÍA

Esta maravillosa esencia floral, de efecto astringente, fue reconocida y admirada durante mucho tiempo. Cuenta la leyenda que un vendedor ambulante, de gran atractivo, la utilizó para sanar a la reina de Hungría de una misteriosa enfermedad. Como consecuencia de ello este agua floral fue extraordinariamente valorada y comercializada a muy alto precio en los lugares de mayor raigambre desde antiguo, tanto entre la realeza como entre el pueblo llano. Lo bueno de toda esta historia es que ese mismo agua floral puedes elaborarlo en casa, comprobando de inmediato sus excelentes efectos.

6 partes de hoja de melisa
4 partes de flores de manzanilla
4 partes de pétalos de rosa
3 partes de flores de caléndula
3 partes de hojas de consuelda
1 parte de corteza de limón
1 parte de hojas de romero
Vinagre de sidra de manzana (la cantidad es variable dependiendo del recipiente que se utilice)
Agua de rosas (véase receta en la página 122) o extracto de avellano de bruja (o avellano de bruja de Virginia; la cantidad es variable dependiendo del recipiente que se utilice)
Aceite esencial a tu gusto

1. Introduce todas las flores y hierbas en un frasco de vidrio. Agrega el vinagre suficiente para cubrirlas por completo hasta unos 5-8 cm. Tapa el frasco o recipiente utilizado y déjalo reposar en un lugar cálido durante 2-3 semanas.

2. Cuela las hierbas y conserva el líquido. Por cada 250 ml de líquido, añade 125-250 ml de agua de rosas o extracto de avellano de bruja. Si lo deseas puedes agregar 1 o 2 gotas de aceite esencial. Conserva el líquido en un recipiente de vidrio con tapa; se conservará indefinidamente sin necesidad de refrigeración.

3. Para utilizar este agua floral como tónico facial, puede aplicarse con una bola de algodón o utilizar una botella nebulizadora pulverizándola directamente sobre la cara o sobre la piel del cuerpo.

AGUA DE ROSAS

Aunque el agua de rosas suele elaborarse por destilación, obtenerlo mediante infusión es también sencillo y eficaz.

Para preparar ½ litro

> 350 ml de extracto de avellano de bruja o vodka
> 100 ml de agua destilada
> 400 g de capullos de rosa (también sirven los desecados)

1. Mezcla el extracto de avellano de bruja con el agua destilada.

2. Coloca los capullos de rosa en un frasco de 1 litro de capacidad de boca ancha. Cúbrelos con una cantidad de la dilución suficiente para llenar el frasco.

3. Tápalo bien y déjalo reposar durante 2-3 semanas en un lugar templado y protegido de la luz.

4. Cuela los capullos de rosa, reservando el líquido. Pasa el agua de rosas a un recipiente de vidrio y consérvala en un lugar fresco y protegido de la luz. en el que puede conservarse hasta 1 año.

VAPOR FACIAL CON HIERBAS

El vapor facial es una especie de sauna específica para la cara. Con él se atrae la sangre a la superficie facial y se purifican los elementos tóxicos acumulados en la epidermis. Asimismo se consigue descongestionar las fosas nasales al abrir los poros de la piel de la cara y las áreas circundantes. Conviene agudizar la creatividad y preparar una receta propia para aplicarla: agrega algunas de tus flores favoritas a la mezcla.

Para 1 tratamiento

1 parte de flores de lavanda
2 parte de flores de manzanilla
2 partes de flores de caléndula
1 parte de pétalos de rosa

1. Lleva a ebullición 2-3 litros de agua en una cazuela grande.

2. Añade las flores y déjalas cocer a fuego lento durante unos minutos.

3. Siéntate en una mesa frente a la cazuela y colócate sobre la cabeza una toalla grande y gruesa que cubra también la cazuela.

4. Sitúa la cara de modo que el vapor ascienda sobre ella, realizando inhalaciones y exhalaciones profundas al respirar.

5. Cuanto más aproximes la cara a la superficie del agua mayor será la temperatura, así que ten cuidado.

6. Una vez terminada la aplicación del vapor, rocíate la cara con agua fresca o con la fragancia en spray del chakra del corazón (véase la página 118), a fin de que se cierren los poros.

LA CREMA PERFECTA

Esta receta la ha preparado una de las especialistas en tratamientos a base de hierbas medicinales en las que más confiamos, Rosemary Gladstar. Se trata de un recurso magnífico, relativamente poco costoso, de gran riqueza y muy nutritivo para la piel. Los ingredientes pueden variar según los propios gustos. Aunque suele recomendarse como crema facial, ciertamente el resto de tu cuerpo se mostrará agradecido por poder sentir los efectos de esta excelente preparación.

COSAS QUE HAY QUE TENER EN CUENTA ANTES DE COMENZAR

La temperatura es esencial. Al empezar la elaboración todos los ingredientes deben estar a temperatura ambiente.

Proporciones. A grandes rasgos, las proporciones han de ser 1 parte de agua por 1 parte de aceite. Los aceites han de diferenciarse aproximadamente en 2 partes de aceite líquido (por ejemplo, aceite de almendra o aceite de semilla de albaricoque), por 1 parte de aceite sólido (por ejemplo, aceite de coco o manteca de cacao).

¡Creatividad ante todo! Prueba a preparar una pequeña cantidad e imagina con completa libertad otras posibles opciones a la hora de reemplazar un determinado aceite vehicular o de elegir tus aceites esenciales preferidos.

GRUPO 1: aguas

150 ml de agua destilada, agua de rosas (véase la página 122) u otro hidrosol
100 g de gel de aloe vera preparado comercialmente
1-2 gotas de un aceite esencial a tu elección
500-1.000 UI de vitamina A (opcional)
500-1.000 UI de vitamina E (opcional)

GRUPO 2: aceites

150 ml de aceite vehicular (como los aceites de semillas de albaricoque, almendra
o semilla de uva); nosotros preferimos combinar dos o tres aceites, según sus
diferentes cualidades.

100 g de un aceite sólido o semisólido (aceite de coco, manteca de karité
y/o manteca de cacao)

¼ de cucharadita de lanolina (opcional)

15-30 g de cera de abeja rallada (u otra cera sólida) para dar espesor.

1. Combina todos los elementos del grupo 1 —el agua destilada o el hidrosol, el gel de aloe vera, el aceite esencial y las vitaminas A y E (si las utilizas)— en un vaso medidor. Bate bien el conjunto y reserva.

2. En un hervidor doble a fuego muy bajo, combina los elementos del grupo 2, el aceite vehicular, el aceite sólido o semisólido, la lanolina (en caso de que la utilices) y la cera de abeja. Calienta solo lo suficiente para que los sólidos se derritan: agita bien y reserva, dejando que el contenido se atempere hasta la temperatura ambiente. Esto puede llevar unas 2 horas. A veces nosotros solemos fundir los aceites y ceras la noche anterior dejando que se atemperen durante toda la noche. También es posible acelerar el proceso metiendo la mezcla en la nevera, aunque en este caso hay que tener cuidado de que no se enfríe demasiado. Al comenzar a emulsionar es importante que el material esté a temperatura ambiente.

3. Cuando la mezcla de aceites alcance la temperatura ambiente, introdúcela en la batidora. Asegúrate de que la tapa esta firmemente colocada y bate a la máxima velocidad (las batidoras de alta velocidad son mejores para esta labor). Rociando lenta y finamente, incorpora la mezcla de agua al remolino central de la mezcla de aceites. Asegúrate de que este paso se realiza lentamente y ve incorporando partículas finas, de modo que las moléculas de agua puedan emulsionarse y mezclarse bien con las de aceite.

4. Cuando hayas agregado la mayor parte de la mezcla de agua a los aceites y cuando la crema haya comenzado a espesarse, presta atención a la batidora y observa con cuidado el estado de la crema. Cuando parezca que la batidora «tose» y la crema adquiere una consistencia dura y blanca, similar a la cobertura de crema de mantequilla de los *cupcakes*, apaga la máquina. Si aún queda algo de agua en el vaso, puedes intentar agregar un poco más, agitando a mano con una cuchara, pero sin batir en exceso. Ten paciencia: la crema se irá espesando poco a poco.

5. Cuando se haya enfriado, pasa la crema a frascos de vidrio limpios y secos. Aunque no tenga conservantes, la crema durará varias semanas si se mantiene en un lugar fresco: no necesita guardarse en el frigorífico.

CONSEJO:

El gel de aloe vera hará que la crema sea más espesa que si se emplea solamente agua. El aloe ejerce un efecto muy saludable y aporta un alto grado de humedad a la piel, aunque la densidad de la crema depende de los gustos personales de cada uno. Es importante utilizar aloe recién preparado para esta aplicación, ya que el aloe se conserva poco tiempo en condiciones adecuadas, lo que puede hacer que la crema se estropee en apenas 1 semana desde su elaboración.

CONSEJO:

Esta preparación puede resultar algo complicada a veces; después de todo se trata de intentar emulsionar agua y aceite. Si no consigues un resultado satisfactorio la primera vez, no te desanimes. Deja que la mezcla se asiente en el vaso de la batidora hasta que las fases líquida o oleosa se separen (suelen tardar en hacerlo unas horas o toda una noche), retira la fase líquida y vuelve a intentarlo. Cuando la combinación no se logra la primera vez, es probable que se tenga éxito la segunda. También se puede dejar que las dos fases de la preparación queden separadas, agitándola simplemente antes de utilizarla.

COMPENDIO DE BEBIDAS MEDICINALES

Este compendio de bebidas medicinales contiene un conjunto de recetas que cuentan con un componente adicional además de la simple elaboración de cocina; en ellas la influencia de las plantas y las hierbas medicinales es considerablemente mayor que en las recetas presentadas con anterioridad. Cada sección del compendio está dividida en categorías generales, según los diferentes sistemas corporales. Ello puede servir como orientación cuando desees una preparación destinada a alguna alteración específica que te afecte. Estas categorías sirven asimismo para hacerse una idea de cuáles son los sistemas corporales a los que cada preparación va dirigida de manera simultánea.

En cada sección se describe un «extracto madre» para la categoría correspondiente. Una mezcla de plantas o hierbas en extracto (tinción) que puede tenerse guardada en la alacena de la cocina. Hay seis tónicos caseros básicos que pueden utilizarse para elaborar zumos, infusiones, batidos o *smoothies*. Estudia los efectos de estos tónicos y analiza qué es lo que puedes modificar en ellos para obtener una formulación mejor cada vez que los utilices.

No te pongas límites: los extractos de hierbas son muy fáciles de obtener. Comprobarás que es un proceso atractivo y que, incluso cuando se ha preparado una cantidad que en principio puede parecer escasa, es suficiente para obtener todo tipo de preparaciones que podrás compartir con amigos y familiares.

CONTENIDO

TÓNICOS DE BELLEZA: ANTIENVEJECIMIENTO Y DESINTOXICANTES

Principales componentes corporales
a los que van dirigidos:
piel, hígado, vesícula biliar

Estos tónicos actúan como:
Agentes antienvejecimiento
y desintoxicantes, limpiadores

TÓNICOS ESTIMULANTES: FELICIDAD Y GOZO

Principales componentes corporales
a los que van dirigidos:
cerebro, funciones psicológicas, corazón

Estos tónicos actúan como:
generadores de equilibrio mental y
felicidad, estimulantes de la función
circulatoria, afrodisíacos

TÓNICOS ENERGÉTICOS: EUFORIZANTES Y RECONSTITUYENTES

Principales componentes corporales
a los que van dirigidos:
sistema reproductor, músculos,
sistema inmunitario

Estos tónicos actúan como:
reconstituyentes, euforizantes, tónicos
energéticos sostenibles)

TÓNICOS RELAJANTES: LIBERACIÓN DEL ESTRÉS Y RELAJACIÓN

Principales componentes corporales
a los que van dirigidos:
sistema nervioso, sistema respiratorio

Estos tónicos actúan como:
calmantes, desestresantes, relajantes

TÓNICOS NUTRIENTES: RESTABLECIMIENTO Y REJUVENECIMIENTO

Principales componentes corporales
a los que van dirigidos:
Estómago, intestinos, riñones

Estos tónicos actúan como:
restauradores y generadores de rejuveneci-
miento y mineralización

TÓNICOS PARA EL ESPÍRITU: CLARIDAD Y EQUILIBRIO

Principales componentes corporales
a los que van dirigidos:
mente, cuerpo, espíritu

Estos tónicos actúan como:
favorecedores de la meditación, la claridad,
el equilibrio y el sueño lúcido

Tónicos de belleza: antienvejecimiento y desintoxicantes

Piel, hígado, vesícula biliar.

DESINTOXICANTE DE LA PIEL

Para 1-2 vasos

> 250 ml de agua hirviendo
> 1 cucharada de flores de caléndula
> 1 cucharada de hojas de centella asiática
> 250 ml de zumo de naranja
> 125 ml de zumo de pomelo
> 50 ml de zumo de raíz de bardana
> 1 cucharadita de polvo de cúrcuma
> 1 cucharadita de limón

1. Vierte el agua hirviendo sobre las flores de caléndula y las hojas de centella asiática. Deja la mezcla en infusión durante 15 minutos. Cuela las hierbas y conserva el agua.

2. Mezcla juntos los zumos de naranja, pomelo y raíz de bardana.

3. Combina ambas mezclas y a continuación añade la cúrcuma y el zumo de limón.

4. Agita bien y disfruta de la elaboración.

EXTERMINADOR DE LA CELULITIS

¡Ah!... Los misterios de la celulitis.
Cabe puntualizar, como primera
reflexión, que la celulitis no es un
proceso permanente. En segundo lugar,
una de las principales claves para
su tratamiento es el ejercicio.
Combinando el consumo de tónicos
quemagrasas con ejercicios específicos
para las áreas de «piel de naranja»
es posible eliminarlas en un plazo de
tiempo razonable. Para que sus efectos
sean óptimos, se recomienda que el
consumo de este tónico se combine con
una dieta alcalina y la práctica de
ejercicio con regularidad.

Para 1 vaso

200 ml de zumo de una combinación
de vegetales de hoja verde
(por ejemplo, col rizada, berza,
acelgas y perejil).
50 ml de jugo de jengibre prensado
en frío
50 ml de jugo de raíz de cúrcuma
recién preparado
1 cucharadita de zumo de limón
1 cucharadita de espirulina
½ cucharadita de tamarindo malabar
(*Garcinia cambogia*) en polvo
El zumo de ½ manzana verde (opcional)

Nota: el tamarindo malabar ha sido muy utilizado por pueblos indígenas de las selvas tropicales de Tailandia y de Sudamérica, principalmente por sus efectos desintoxicantes. En la actualidad se usa por sus milagrosos efectos inductores de pérdida de peso. El ácido que contiene el fruto de esta planta, ácido hidroxicítrico (AHC), inhibe la formación de ácidos grasos, por lo que hace que sea menor la disponibilidad de grasas que puedan ser almacenadas por las células del cuerpo.

1. Mezcla todos los jugos juntos. Añade la espirulina y el polvo de tamarindo y agita bien hasta que estos se disuelvan.

2. Si el sabor de la preparación te resulta demasiado amargo, añade el zumo de ½ manzana verde.

PARA LA GRASA ABDOMINAL

Esta es una preparación quemagrasas de sabor penetrante que incorpora algunas de las esencias originarias de las selvas tropicales de efectos tónicos más pronunciados, en lo que respecta al alivio del estancamiento y la ralentización del metabolismo de las grasas.

Es un potente tónico desintoxicante con reconocidas propiedades de soporte de la pérdida de peso sostenida.

Para 1 porción

    300 ml de zumo de piña
    125 ml de zumo de col rizada
    30 g de hojas de diente de león
    30 g de perejil
    ½ cucharadita de extracto o polvo de cha de bugre
    ½ cucharadita de extracto o polvo de tamarindo malabar *(Garcinia cambogia)*

Nota: la infusión de bugre, o cha de bugre, ha sido durante mucho tiempo un popular remedio favorecedor de la pérdida de peso, comercializado como diurético y supresor del apetito. Se cree que contribuye a prevenir o reducir los depósitos de grasa y la celulitis.

1. Incorpora todos los ingredientes a un vaso mezclador y agita bien.

DESINTOXICANTE MAESTRO: UN ASALTO A LOS TÓXICOS

Este tónico es un poderoso desintoxicante que drena las sustancias tóxicas acumuladas del hígado, la sangre y el intestino. La espirulina y el diente de león atacan la inflamación y erradican los metales pesados y las bacterias, aportando una mineralización de máximo nivel a todo el cuerpo.

Para 3 porciones

1 cucharada de espirulina
15 ml de zumo de limón
Un puñado de hojas de diente de león.
250 ml de agua de coco recién extraída del coco

Potenciador adicional: ½ cucharadita de tónico madre de belleza (véase página 137).

1. Mezcla todos los ingredientes juntos y sirve la preparación en vasos cortos.

TÓNICO MADRE DE BELLEZA

Este es un tónico de consumo diario de efectos realmente milagrosos, que permite conseguir una piel radiante, unos ojos alegres y expresivos y un hígado sano.

Para 1 frasco de «tónico madre»

2 partes de cúrcuma
2 partes de centella asiática
2 partes de bardana desecada
2 partes de mangostán seco
1 parte de flores de caléndula desecada
Vodka o ron de 50° (en cantidades que pueden variar)
1 cáscara de limón fresca, no desecada*

1. Dispón los ingredientes vegetales en un frasco de boca ancha, hasta llenar más o menos un tercio de la capacidad del mismo.
2. Cubre los ingredientes de vodka o ron y deja que empape los componentes vegetales.
3. Presiona las plantas medicinales con la mano o con algún utensilio de cocina. Una pauta de aplicación general para determinar que las proporciones son las adecuadas es que queden de 3 a 5 centímetros de líquido sobre los ingredientes vegetales. Si parecen aún algo secas se puede añadir algo más de líquido.
4. Añade un puñado de hebras de la cáscara de limón a la mezcla.
5. Para evitar la formación de óxido, recubre la boca del frasco con un paño fino o con papel film y cúbrela con una tapa.
6. Coloca el frasco en un lugar fresco y seco y deja pasar 3-4 semanas para que las plantas se maceren en el líquido. Agita el frasco en días alternos.
7. Cuela el líquido, pasándolo a otro frasco limpio, y presiona las plantas sobre un paño de malla fina. Continúa presionando hasta que los restos vegetales estén prácticamente secos.
8. Conserva el tónico en un lugar fresco y protegido de la exposición a la luz.

Dosis recomendada: 1 cucharadita. 2 o 3 veces al día, añadida a un zumo, batido, *smoothie* o infusión a tu elección.

---

* La incorporación de la cáscara de limón supone un aporte extra de sabor y un incremento de la capacidad antioxidante del tónico.

Tónicos estimulantes: felicidad y gozo

Las fórmulas estimulantes suelen prepararse
con hierbas aromáticas que, tradicionalmente,
se han venido utilizando para reforzar el
sistema nervioso, restableciendo una actitud
mental positiva e intensificando la circulación
y la función cardiovascular.
Asimismo favorecen la consecución de un estado
energético global de relajación y bienestar.
Estas hierbas, palpitantes de energía, aumentan
la producción de dopamina y contribuyen
a la sincronización del corazón y la mente a fin
de fomentar el goce de una vida equilibrada
y feliz.

POTENCIADOR DE LA DOPAMINA

La dopamina es un neurotransmisor, uno de los compuestos químicos responsables de la transmisión de señales entre las células nerviosas del cerebro (las neuronas). En realidad son muy pocas las neuronas que se encargan de la elaboración de dopamina. Este extraordinario compuesto químico es el responsable de los llamados momentos «ajá», o momentos de revelación o inspiración, que son momentos en los que parece que conseguimos conectar la línea de puntos de todo aquello que antes nos parecía vago e indefinido.

Para 1-2 raciones

2 cucharadas de polvo de cacao
250 ml de leche de almendras (véase la página 86)
1 cucharadita de aceite de coco
1 plátano congelado
1 dátil
1 cucharadita de extracto de hipérico
½ cucharadita de extracto de albizia, también conocida como árbol de la seda o acacia de Constantinopla.
1 cucharadita de polvo o extracto de rodiola
Hielo según sea necesario, en función de la consistencia deseada
1 cucharadita de granos de cacao

Ácidos grasos omega-3

Un elemento esencial a la hora de sacudirse de encima un episodio de depresión es tomar una buena dosis de ácidos grasos omega-3. Alrededor del 60% del peso del cerebro corresponde a materia grasa y la mayor parte de dicha grasa está integrada por ácidos grasos omega-3, que actúan como componentes estructurales de las células y los tejidos cerebrales. Mis fuentes favoritas de origen vegetal de este tipo de ácidos son el aceite de linaza, el aceite de semillas de chía, el aceite de nuez y el aceite de semillas de rábano.

1. Mezcla todos los ingredientes excepto los granos de cacao juntos hasta conseguir una pasta de consistencia cremosa.

2. Añade los granos y pasa unos instantes por la batidora para obtener un *smoothie* con un toque crujiente.

TÓNICO PARA EL BUEN HUMOR

Este tónico contiene una sabrosa combinación de hierbas que son conocidas por inducir efectos que erradican la tristeza del corazón y de la mente. Se trata de especies que se han empleado durante siglos contra la depresión y que ayudan a mantener a raya los patrones mentales negativos.

Para 2 vasos

> 250 ml de zumo de manzana verde
> 350 ml de zumo de piña
> 1 o 2 cucharaditas de extracto
>   de hipérico
> 3 gotas de aceite esencial de melisa
> 1/3 de cucharadita de aceite de linaza
> Hojas de melisa frescas (opcionales)
> Hielo
> Agua con gas

1. Mezcla los zumos de de manzana verde y de piña.

2. Agrega el extracto de hipérico, el aceite esencial de melisa y el aceite de linaza.

3. Si puedes encontrar hojas frescas de melisa, machácalas en un vaso con hielo.

4. Vierte la mezcla de zumos y los tónicos en el vaso con hielo y añade agua con gas hasta el borde.

CÓCTEL AFRODISÍACO

Este «cóctel» es un tónico floral y estimulante que estimula el flujo de sangre al corazón y los órganos reproductores. Activa el chakra sacro y la circulación sanguínea a la región pélvica.

Para 2 vasos

> 1 cucharada de catuaba
> 1 cucharadita de muira puama
> 1 cucharadita de damiana
> 600 ml de agua tibia, para usos divididos
> 150 g de bayas de goji
> 400 ml de zumo de pomelo
> 200 ml de zumo de uva negra
> Cubitos de hielo
> ½ naranja dulce

1. En un cazo pon la catuaba, la muira puama y la damiana con 500 ml de agua, calienta y cuece a fuego bajo durante 15 minutos.

2. En otro recipiente, deja en remojo las bayas de goji en los 100 ml de agua restantes.

3. Vierte en el vaso de una batidora el zumo de pomelo, el zumo de uva y las bayas de goji hidratadas, con el agua de remojo de las bayas sobrante. Bate hasta obtener una mezcla uniforme.

4. Cuado la infusión esté lista, cuela las hierbas y deja que el líquido de infusión se enfríe. Agrégalo a la mezcla de zumos de fruta y mezcla bien hasta conseguir un líquido uniforme.

5. Vierte el líquido en vasos con hielo. Exprime a mano un chorro de zumo de naranja en cada vaso y ¡disfruta de la bebida!

CÓCTEL PARA EL CHAKRA DEL CORAZÓN

La fruta del dragón y los higos se han usado desde la antigüedad como tónicos cardíacos y para mejorar las funciones de las válvulas del corazón. Desde el punto de vista energético, es conocido por sus propiedades sanadoras para abrir el sistema sutil de la parte superior del cuerpo y constituyen un recurso esencial para favorecer la circulación en ella.

Nota: La fruta del dragón, también conocida como pitaya o pitahaya, es considerada un componente de sanación cardíaca por numerosas tribus de Centroamérica. En México existe una danza ritual, llamada la flor de pitaya, que se dice se realiza en homenaje a la Reina de la Noche. En Costa Rica, y en otras partes de América Central, es una fruta de gran importancia a la que se le atribuyen potentes efectos nutricionales y gran energía mística.

Para 2 vasos

> 200 g de fresas congeladas
> 200 g de pitaya
> 30-50 ml de jugo de remolacha
> 1 cucharadita de tónico madre de la alegría (véase la página 143)
> 1 cucharadita de azúcar de coco o de otro edulcorante de tu gusto
> 3 gotas de aceite esencial de jazmín

1. Combina las fresas, la pitaya y el jugo de remolacha y bátelas en una batidora hasta obtener una mezcla uniforme.

2. Agrega el tónico.

3. Añade el azúcar de coco y el aceite esencial y mezcla bien.

TÓNICO MADRE DE LA ALEGRÍA

Este es un tónico básico excelente para sentirse realmente bien, que constituye una magnífica preparación de uso general para mejorar la función cerebral y la del sistema reproductor. Se utiliza para sentir cómo la energía fluye hacia los dos extremos del cuerpo. Al tomar este tónico se experimenta una sensación de plenitud y nutrición del chakra base y del chakra corona, lo que lleva implícita la percepción de un sentimiento de alegría.

Para 1 frasco de «tónico madre»

> 3 partes de rodiola desecada
> 2 partes de hipérico desecado
> 2 partes de granos de café verde
> 2 partes de ginkgo desecado
> 1 parte de jengibre desecado
> Vodka o ron del 50°

1. Dispón las hierbas en un frasco de boca ancha, hasta llenar más o menos un tercio de su capacidad.
2. Cubre las hierbas con vodka o ron y déjalas en remojo para que se impregnen lentamente.
3. Presiona las plantas medicinales con la mano o con algún utensilio de cocina. Una pauta de aplicación general para determinar que las proporciones son las adecuadas es que queden de 3 a 5 centímetros de líquido sobre las hierbas. Si parecen aún algo secas, se puede añadir algo más de líquido.
5. Para evitar la formación de óxido, recubre la boca del frasco con un paño fino o con papel film y cúbrela con una tapa.
6. Coloca el frasco en un lugar fresco y seco y deja pasar 3-4 semanas para que las plantas se maceren en el líquido. Agita el frasco en días alternos.
7. Cuela el líquido, pasándolo a otro frasco limpio y presiona las plantas sobre un paño de malla fina. Continúa presionando hasta que los restos vegetales estén prácticamente secos.
8. Conserva el tónico en un lugar fresco y protegido de la exposición a la luz.

Dosis recomendada: 1 o 2 cucharaditas 2 o 3 veces al día, según se considere adecuado.

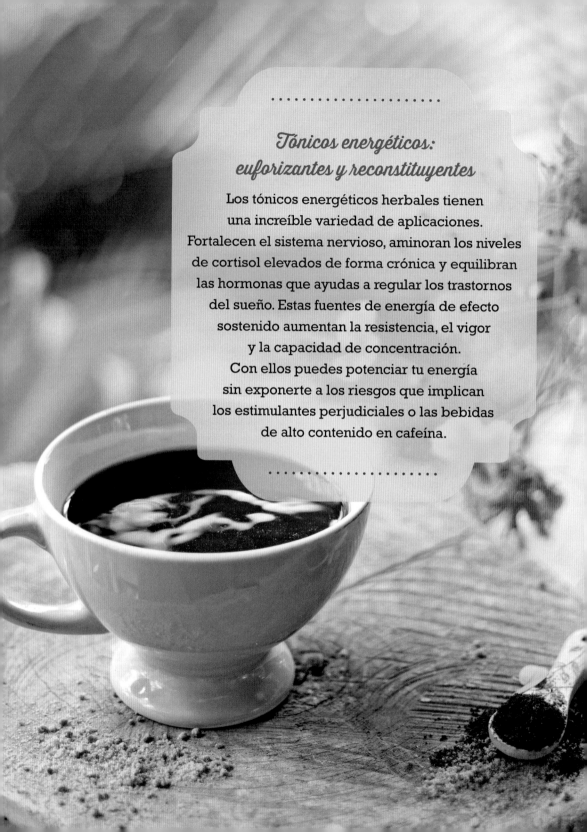

Tónicos energéticos: euforizantes y reconstituyentes

Los tónicos energéticos herbales tienen
una increíble variedad de aplicaciones.
Fortalecen el sistema nervioso, aminoran los niveles
de cortisol elevados de forma crónica y equilibran
las hormonas que ayudas a regular los trastornos
del sueño. Estas fuentes de energía de efecto
sostenido aumentan la resistencia, el vigor
y la capacidad de concentración.
Con ellos puedes potenciar tu energía
sin exponerte a los riesgos que implican
los estimulantes perjudiciales o las bebidas
de alto contenido en cafeína.

ENERGÍA PARA TODO EL DÍA

Alternativas de alto poder estimulante al tradicional café, los granos de café verde y la guayusa aportan la suficiente energía para mantenerse despiertos y lúcidos a lo largo de todo el día. Su elevado poder mineralizante regula las concentraciones de azúcar en sangre (glucemia), reduciendo el estrés y reforzando las funciones muscular y nerviosa.

Nota: la guayusa es utilizada por algunos pueblos tribales de Perú como tónico nocturno, a fin de facilitar los sueños lúcidos. En esas tribus, los chamanes la toman a las 3 de la madrugada para acceder a un estado de lucidez que, según se cree, les ayuda a mantenerse despiertos en el sueño.

Para 1 taza

> 2 cucharadas de hoja de guayusa
> 180-200 ml de agua casi hirviendo
> 2 cucharadas de matcha
> ½ cucharadita de tónico madre energizante (véase la página 151)
> Stevia o miel
> Leche de almendras (opcional, véase la página 86)

1. En una tetera, infusiona la guayusa en 125 ml de agua (casi hirviendo).

2. Pon el polvo de matcha en un bol y vierte en él 125 ml de agua caliente. Con un batidor, mezcla bien hasta que se haya disuelto por completo.

3. Agrega la infusión de guayusa a la matcha disuelta e incorpora el tónico energético.

4. Agrega la stevia y la leche de almendras en la cantidad adecuada para el sabor que prefieras.

MEDIANOCHE

Este tónico es una deliciosa manera de tomar café que aporta energía evitando el riesgo de fatiga suprarrenal que el consumo excesivo de café implica.

Son muchas las personas a las que les encanta tomar una espumosa taza de café por la mañana. Aunque sabemos que tomar demasiado café no es en absoluto saludable, continuamos haciéndolo. He aquí una alternativa que impide que las glándulas suprarrenales se agoten y se colapsen, al tiempo que potencia y refuerza lu función inmunitaria.

Para 1 taza

> 1 cucharadita de chaga
> 2 cucharaditas de café molido
> 180-200 ml de agua casi hirviendo
> 120-180 ml de leche de frutos secos que prefieras (véase la página 86)
> Edulcorante al gusto
>
> Con objeto de potenciar la bebida, añade una cucharadita de raíz de diente de león tostada para dar un toque saludable adicional.

1. Incorpora la chaga y el café a una cafetera de prensa francesa (de émbolo). Vierte el agua y deja en infusión durante unos 5 minutos ante de verter la bebida en una taza.

2. Añade la leche de frutos secos y edulcorante a tu gusto y ¡disfruta de la bebida!

Nota: si deseas que la bebida sea descafeinada, calienta a fuego bajo 2 cucharadas de chaga y ½ litro de agua a fuego bajo durante alrededor de 15 minutos. Cuela la infusión que ya estará lista para tomar.

INYECCIÓN DE INMUNIDAD

Las mejores hierbas medicinales que pueden tomarse son las que potencian el sistema inmunitario y las adaptógenas. Cuando se utilizan conjuntamente prestan soporte a la producción de glóbulos blancos y a todos los órganos principales del organismo, al tiempo que equilibran, restauran y protegen el organismo en su totalidad.

Para 2 vasos

> 1 cucharadita de cúrcuma en polvo
> 1 cucharadita de zumo de limón
> 1-2 cucharaditas de tónico madre energizante (véase la página 151)
> 1 cucharadita de uña de gato en polvo
> 1 cucharadita de aceite de coco
> 1 cucharadita de miel cruda o néctar de agave
> Agua

1. Mezcla todos los ingredientes y ¡adelante!

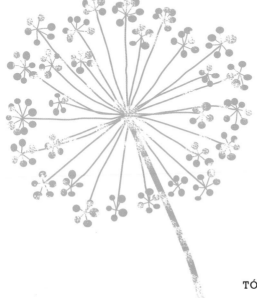

TÓNICO PARA EL CEREBRO

Este es un excelente tónico de sabor dulce y con un toque refrescante que mantiene la mente alerta. Los tónicos cerebrales aportan energía al cerebro reforzando la memoria y consolidando la capacidad de concentración.

Para 1 vaso

> 100 ml de jugo de remolacha
> 250 ml de zumo de granada
> 30 ml de zumo de limón
> 1 cucharadita de tónico madre energizante (véase la página 151)
> 1 rama de romero

1. Combina en un vaso mezclador todos los ingredientes, excepto el romero.

2. Cuela la mezcla, pásala a un vaso, introduce en ella la rama de romero para aromatizar y ¡disfruta de la bebida!

CÓCTEL CONTRA EL RESFRIADO

Sin duda una de nuestras bebidas tónicas favoritas. Esta preparación ayuda
a erradicar cualquier tipo de resfriado y proporciona una agradable sensación
de bienestar. La combinación de sus ingredientes resulta deliciosa.
Te sorprenderás por el sabor y por los saludables efectos que ofrece esta singular
combinación de ingredientes, potenciadora de la función inmunitaria.
Te encantará, incluso cuando no te encuentres demasiado bien.

Para 1 vaso o taza

30 ml de jugo de jengibre
30 ml de zumo de limón
15 ml de jugo de ajo
30 g de cúrcuma
Una pizca de pimienta de cayena
Una pizca de pimienta negra
Una pizca de sal rosa del Himalaya
15 ml de vinagre de sidra de manzana
250 ml de agua caliente o de agua de color refrigerada, dependiendo de si deseas
    tomar la bebida caliente o fría

1. Combina los jugos de jengibre, limón y ajo.

2. Añade la mezcla de jugos. la cúrcuma, la pimienta de cayena y la pimienta negra, la sal y el vinagre al agua y mezcla bien.

3. Para que sus efectos sean óptimos, toma la bebida lentamente, a pequeños sorbos.

TÓNICO MADRE ENERGIZANTE

Para 1 frasco de «tónico madre»

3 partes de ginkgo desecado
2 partes de centella asiática desecada
3 partes de rodiola desecada
1 parte de guayusa desecada
Vodka o ron de 50°

1. Dispón las hierbas en un frasco de boca ancha, hasta llenar más o menos un tercio de su capacidad.

2. Cubre las hierbas de vodka o ron y déjalas en remojo para que se impregnen lentamente.

3. Presiona las plantas medicinales con la mano o con algún utensilio de cocina. Una pauta de aplicación general para determinar que las proporciones son las adecuadas es que queden de 3 a 5 centímetros de líquido sobre las hierbas. Si parecen aún algo secas se puede añadir algo más de líquido.

4. Para evitar la formación de óxido, recubre la boca del frasco con un paño fino o con papel film y cúbrela con una tapa.

5. Coloca el frasco en un lugar fresco y seco y deja pasar 3-4 semanas para que las plantas se maceren en el líquido. Agita el frasco en días alternos.

6. Cuela el líquido, pasándolo a otro frasco limpio, y presiona las plantas sobre un paño de malla fina. Continúa presionando hasta que las hiebas estén prácticamente secas.

7. Conserva el tónico en un lugar fresco y protegido de la exposición a la luz.

Dosis recomendada: 1o 2 cucharaditas 2 o 3 veces al día, según se considere adecuado.

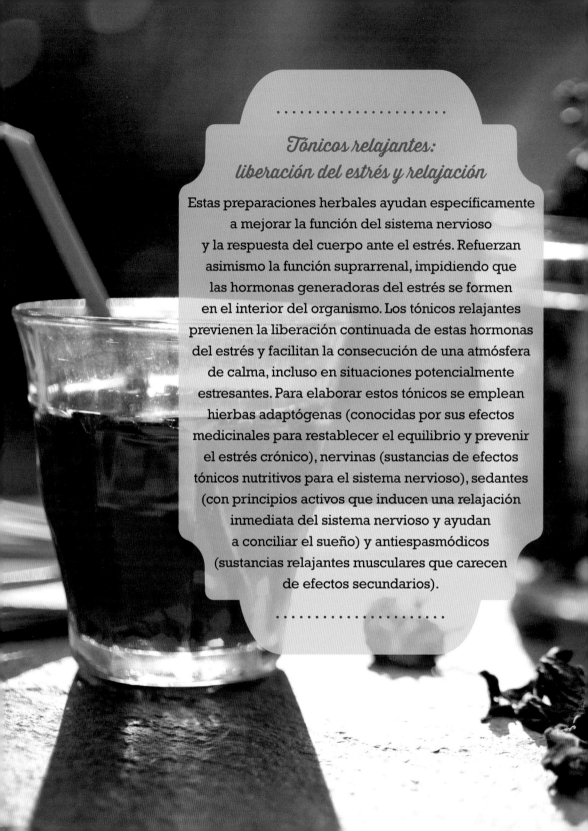

Tónicos relajantes:
liberación del estrés y relajación

Estas preparaciones herbales ayudan específicamente
a mejorar la función del sistema nervioso
y la respuesta del cuerpo ante el estrés. Refuerzan
asimismo la función suprarrenal, impidiendo que
las hormonas generadoras del estrés se formen
en el interior del organismo. Los tónicos relajantes
previenen la liberación continuada de estas hormonas
del estrés y facilitan la consecución de una atmósfera
de calma, incluso en situaciones potencialmente
estresantes. Para elaborar estos tónicos se emplean
hierbas adaptógenas (conocidas por sus efectos
medicinales para restablecer el equilibrio y prevenir
el estrés crónico), nervinas (sustancias de efectos
tónicos nutritivos para el sistema nervioso), sedantes
(con principios activos que inducen una relajación
inmediata del sistema nervioso y ayudan
a conciliar el sueño) y antiespasmódicos
(sustancias relajantes musculares que carecen
de efectos secundarios).

REFRIGERANTE ADAPTOGÉNICO

Los adaptógenos constituyen una clase particular de superplantas medicinales,
de milagrosos efectos, que deben su nombre a su capacidad para «adaptar»
su función a las necesidades corporales según estás vayan variando.
Los adaptógenos no ejercen una acción específica ni actúan sobre
una determinada región del cuerpo, sino que, más bien, aportan beneficios
al organismo de modo integral, respondiendo a cualquier influencia o factor
generadores de estrés cuando sea necesario.

Para 1-2 vasos

2 cucharaditas de bayas de esquisandra
1 cucharadita de polvo de reishi
1 cucharadita de polvo de chaga
800 ml de agua para uso dividido
50 g de flores de hibisco
1 cucharada de pasta de tamarindo
Hojas de stevia o miel
3 gotas de aceite esencial de geranio rosa
Hielo

1. Calienta a fuego bajo la esquisandra, el reishi y la chaga en 500 ml de agua.

2. Añade 250 ml de agua hirviendo al hibisco. Algunas flores de hibisco no liberan su color y su sabor intensos si no son calentados a fuego bajo durante un tiempo. En primer lugar, intenta añadir solo el agua hirviendo a las flores, dejándolas en infusión. Si el intenso color fucsia de las flores no pasa a la infusión, calienta a fuego bajo durante 5 minutos. Después, cuela las flores.

3. En unos 50 ml de agua caliente disuelve la pasta de tamarindo. Mezcla la dilución de tamarindo y el agua de hibisco, con lo que obtendrás un jugo amargo.

4. Cuala el reishi, la esquisandra y la chaga y, una vez que el líquido se haya enfriado, agrégalo a la mezcla de hibisco y tamarindo.

5. Agita y añade stevia para endulzar, según tu gusto.

6. Añade el aceite esencial de geranio rosa y vierte el conjunto a un vaso con hielo.

MOJITO DE KAVA KAVA RELAJANTE

Este «cóctel» de kava kava, o kava, resulta ideal para prevenir la cronificación del aumento de las concentraciones de cortisol generado por el exceso de estrés y de trabajo. No hay por qué aniquilar las propias glándulas suprarrenales y el propio sistema digestivo a base de alimentos mal seleccionados y de comportamiento guiados por la ansiedad. Siéntate y relájate un momento. Disfruta de esta reconfortante bebida después de una larga jornada de trabajo.

Para 1 vaso

> ½ lima fresca cortada en 4 trozos
> 2-3 cucharaditas de azúcar de caña realmente integral (extracto natural de caña de azúcar)* o néctar de agave
> Unas hojas de menta fresca
> Hielo
> 2-3 cucharadas de extracto de kava kava
> 125 ml de agua con gas

1. Introduce los trozos de lima en un vaso, agrega el azúcar integral y revuelve, presionando los trozos para que la lima desprenda su zumo.

2. Ponte las hojas de menta en una mano y palméalas con la otra. Ello hará que las hojas se froten unas contra otras y desprendan todo su aroma. Incorpora las hojas al vaso.

3. Llénalo hasta la mitad de hielo y agrega el extracto de kava kava.

4. Llena el vaso de agua con gas y mezcla con una cuchara larga.

5. ¡Que disfrutes de tu cóctel!

---

* También llamada *jaggery*. Si no puedes encontrarla, utiliza néctar de agave.

LECHE ANTIESTRÉS

Para 2 vasos

Haz una pausa y piensa unos minutos. ¿Cuál es la verdadera razón de que sientas estrés? Desentiéndete de todas las distracciones y problemas que afectan a tu vida y reflexiona sobre tu verdadero yo. Ese yo auténtico no tiene por qué pensar y soñar, simplemente se encuentra en paz en el momento presente. Está por encima de la brega del día a día, ajeno por completo a los contrastes y las contradicciones cotidianas. Deja de buscar, detente a meditar y experimenta la vibración del espacio vacío que queda en tu mente.

1 cucharaditas de avena lechosa
½ l de agua
2 cucharaditas de flores de manzanilla
1 cucharadita de flores de lavanda
Hielo (opcional)
Leche de cáñamo al gusto*

Nota: refuerza la potencia relajante de esta preparación con un adaptógeno. Agrega 1 cucharadita de extracto de rodiola para incrementar los efectos desestresantes. La rodiola es conocida por ser un magnífico recurso de apoyo en casos de estrés postraumático, así como en los cuadros de estrés crónico en general.

Nota: cuando estamos sometidos a estrés, nuestro cerebro emite señales dirigidas a todo el cuerpo que alteran su equilibrio metabólico. El estrés supone un estado de amenaza para la homeostasis, lo que implica que se agrede voluntariamente a las supervivencia de las células de nuestro organismo.

1. En un cazo, calienta los granos de avena lechosa en agua durante unos 10 minutos.

2. Agrega la manzanilla y las flores de lavanda y continúa cantando, a fuego bajo, otros 10 minutos.

3. Filtra las hierbas y los granos con un colador o en una tetera.

4. Si prefieres tomar la bebida fría, espera a que se atempere y añade hielo.

5. Agrega la leche al té y ¡disfruta de él!

---

* Para preparar tu propia leche de cáñamo mezcla 100 g de semillas de cáñamo con 200 ml de agua. Filtra la leche con un paño de malla fina y agrega un edulcorante a tu gusto.

CÓCTEL PARA LA CEFALEA

*Los dolores de cabeza son desencadenados por desequilibrios en el estómago
y los intestinos. En general lo que suele suceder es que las venas se obstruyen
por efecto de las toxinas y la sangre más densa de lo normal, viéndose afectada
la circulación y originándose el dolor. Un sistema digestivo alterado,
con mala filtración de la sangre y un componente adicional de estrés, provoca de
inmediato el dolor de cabeza. Es fácil que las cefaleas se hagan crónicas
si no se atiende a ellas debidamente. A diferencia de las migrañas, las cefaleas
no son dolores motivados por un trastorno neurológico. En consecuencia,
si no estamos atentos a qué tipo de alimento ingerimos o si no analizamos
las tendencias de los factores que inducen el dolor, es más que probable que la
cefalea se convierta en un cuadro crónico.*

Para 1 vaso

300 ml de agua de coco
150 ml de zumo de sandía
1 cucharadita de extracto de matricaria
1 cucharadita de extracto de ulmaria
½ cucharadita de extracto de escutelaria
2-3 gotas de aceite esencial de lavanda

1. Mezcla el agua de coco y el zumo de sandía. Agrega la matricaria, la ulmaria (o filipéndula) y la escutelaria (o cásida).

2. Incorpora el aceite esencial de lavanda.

3. Si el sabor de los extractos te parece demasiado fuerte, añade un poco más de agua de coco y zumo de sandía.

TÓNICO MADRE RELAJANTE

Para 1 frasco de «tónico madre»

3 partes de pasionaria desecada
3 partes de bufera (o ashwagandha) desecada
2 partes de kava kava desecada
2 partes de avena lechosa desecada
Vodka o ron de 50°

1. Dispón las hierbas en un frasco de boca ancha, hasta llenar más o menos un tercio de su capacidad.

2. Cubre las hierbas de vodka o ron y déjalas en remojo para que se impregnen lentamente.

3. Presiona las plantas medicinales con la mano o con algún utensilio de cocina. Una pauta de aplicación general para determinar que las proporciones son las adecuadas es que queden de 3 a 5 centímetros de líquido sobre las hierbas. Si parecen aún algo secas se puede añadir algo más de líquido.

4. Para evitar la formación de óxido, recubre la boca del frasco con un paño fino o con papel film y cúbrela con una tapa.

5. Coloca el frasco en un lugar fresco y seco y deja pasar 3-4 semanas para que las plantas se maceren en el líquido. Agita el frasco en días alternos.

6. Cuela el líquido, pasándolo a otro frasco limpio, y presiona las plantas sobre un paño de malla fina. Continúa presionando hasta que las hierbas estén prácticamente secas.

7. Conserva el tónico en un lugar fresco y protegido de la exposición a la luz.

Dosis recomendada: 1-2 cucharaditas, 2 o 3 veces al día, o según se considere adecuado.

INFUSIÓN TÓNICA PARA UNOS PULMONES SANOS

La osha y la esquisandra son plantas que regulan de manera natural el nivel de hidratación de los pulmones. Se caracterizan por su intenso aroma y por su efecto astringente. Estas especies mejoran la eficacia de la respiración, hidratan las membranas respiratorias, favorecen la eliminación de flemas y toxinas de los pulmones y ayudan a mantener la correcta función inmunitaria pulmonar.

3 partes de raíz de osha
4 partes de bayas de esquisandra
2 partes de jengibre
9 partes de agua
1 parte de semillas de hinojo
Hojas de stevia o miel

1. Hierve la osha, las bayas de esquisandra y el jengibre juntos en el agua durante unos 45 minutos.

2. Hacia el final del proceso de ebullición, a fuego bajo, incorpora las semillas de hinojo.

3. Cuela las hierbas.

4. Añade las hojas de stevia y déjalas en infusión durante 10 minutos o agrega miel para endulzar.

5. Esta infusión tónica se conserva muy bien en la nevera. Guarda un frasco en ella para tomar la infusión fría o para recalentarla, si la prefieres caliente.

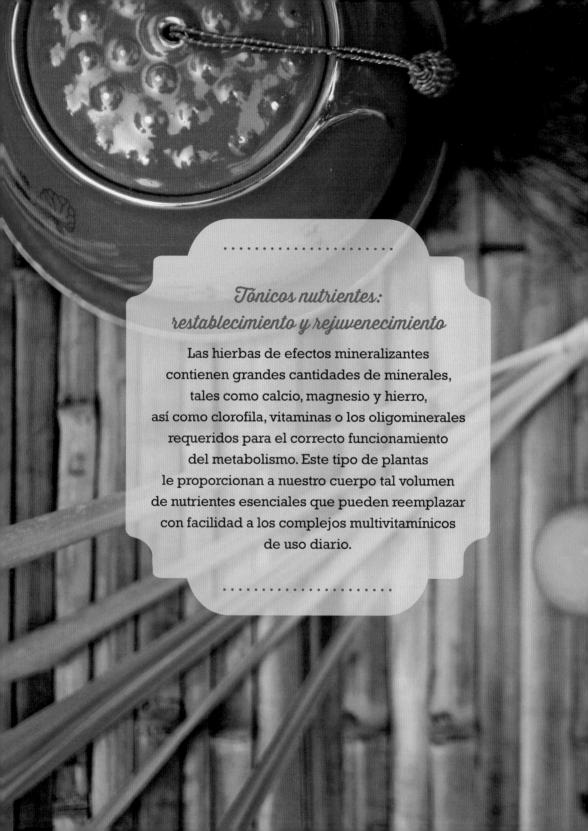

Tónicos nutrientes:
restablecimiento y rejuvenecimiento

Las hierbas de efectos mineralizantes
contienen grandes cantidades de minerales,
tales como calcio, magnesio y hierro,
así como clorofila, vitaminas o los oligominerales
requeridos para el correcto funcionamiento
del metabolismo. Este tipo de plantas
le proporcionan a nuestro cuerpo tal volumen
de nutrientes esenciales que pueden reemplazar
con facilidad a los complejos multivitamínicos
de uso diario.

TÓNICO DE PROTEÍNAS

Son muchos los mitos existentes en relación con las proteínas.

Estos nutrientes están constituidos básicamente por extensas cadenas de aminoácidos formadas para ejercer en el organismo funciones de soporte, aporte de energía y mantenimiento. Las grasas y los hidratos de carbono hacen lo mismo, pero de formas distintas. Las proteínas conforman nuestros músculos, proporcionan energía al cerebro, mejoran nuestro estado de ánimo, reducen las concentraciones de azúcar en sangre (glucemia) y nos ayudan a mejorar nuestra capacidad de concentración. Son sin duda nutrientes de la máxima importancia, pero para obtenerlas en cantidad suficiente no es necesario tomar litros de suero de leche o una gran pechuga de pollo.

Comer para pensar: las vacas y los gorilas crecen grandes y fuertes sin alimentarse nada más que de plantas. Considerando que una vaca solo necesita hierba para mantener su enorme cuerpo, ¿por qué hemos de pensar que eso no vale para nosotros? La buena noticia es que tú no necesitas pastar como el ganado ni ser un gorila para tener acceso a las mejores fuentes de proteínas que la naturaleza nos ofrece. Es mucho más sencillo de lo que crees. Basta con considerar la gran variedad de vegetales que contienen estos esenciales nutrientes.

Para 2-3 vasos

1 cucharada de mantequilla de almendras
2 cucharadas de semillas de cáñamo
200 g de pulpa de coco (aproximadamente 1/2 coco)
300 ml de agua de coco
1 cucharadita de espirulina
1 cucharadita de mezquite
1 cucharadita de bufera (o ashwagandha)
1 cucharadita de extracto de vainilla
10 cubitos de hielo
Edulcorante a tu elección (jarabe de arce o néctar de agave, opcional)

1. Mezcla juntos todos los ingredientes, excepto el hielo y el edulcorante, hasta obtener una textura cremosa.

2. Añade el hielo y mezcla hasta obtener una textura escarchada. Prueba y agrega el edulcorante a tu gusto.

CONTRA LA PESADEZ DE ESTÓMAGO

Prepara tu propio bíter digestivo. Este tipo de bebidas, tomadas unos 30 minutos antes de comer, son el recurso ideal para prevenir la hinchazón gástrica que provoca la sensación de pesadez en el estómago. Los bíteres tienen la virtud de crear un medio con un pH perfectamente equilibrado que facilita la respuesta enzimática al alimento que está por llegar al estómago y, en consecuencia, su descomposición adecuada. En esta preparación, el matiz amargo del diente de león, y los toques aromáticos del hinojo, el jengibre y la naranja contribuyen a acrecentar el poder carminativo (que favorece la expulsión de gases) de esta bebida, utilizada contra la molesta sensación de plenitud que se experimenta en ocasiones después del postre. Por añadidura, también ayuda a aliviar el exceso de acidez gástrica.

Para 1 frasco

> 3 partes de raíz de uva de Oregón
> 2 partes de raíz de diente de león
> 2 partes de cáscara de naranja
> 1 parte de semillas de hinojo
> 1 parte de raíz de jengibre
> Vodka de 50°

1. Llena un tercio de un frasco con las partes vegetales.
2. Vierte el vodka sobre ellas, llenando el recipiente hasta arriba. Asegúrate de que la mezcla vegetal queda completamente cubierta.
3. Pon en el frasco una etiqueta con los nombres de los ingredientes vegetales utilizados, la fecha, la graduación del alcohol utilizado y las partes de las plantas que se han empleado. Deja que las plantas liberen sus extractos durante 4-6 semanas, agitando a menudo la mezcla contenida en el recipiente.
4. Cuela los ingredientes con un paño de malla fina y exprime bien todo el líquido que pueda quedar retenido en ellos para que liberen todos sus extractos.

Dosis recomendada: 1 cucharadita antes de las comidas.

CÓCTEL ANTIALÉRGICO

Aunque los potenciales alérgenos que nos rodean son innumerables, es bueno saber que, si se tiene un hígado en buenas condiciones, se está en disposición de lograr vencer a las alergias o al menos de mejorar muchas de sus consecuencias. Si consigues optimizar el estado de tu sistema digestivo con una dieta alcalina y desintoxicas tu hígado con remedios a base de plantas medicinales como esta preparación, habrás reducido sensiblemente la probabilidad de sufrir cualquier tipo de alergia.

Para 1 vaso

1/2 l de agua
2 cucharaditas de hojas de ortiga mayor
2 cucharaditas de raíz de bardana
2 cucharaditas de hojas o polvo de chancapiedra
350 ml de zumo de pomelo recién exprimido
1 cucharadita de extracto de raíz de equinácea
Cáscara de naranja fresca
Pimienta de cayena
Hielo

1. Lleva el agua a ebullición y añade las hojas de ortiga, la raíz de bardana y las hojas de chancapiedra. Cuece a fuego bajo durante unos 15 minutos, hasta que aproximadamente la mitad del agua se haya evaporado.

2. Deja enfriar la infusión. Una vez que esté fría, añade 60 ml del líquido al zumo de pomelo. Reserva el resto para otros usos.

3. Agrega el extracto de equinácea.

4. Corta tres tiras largas de cáscara de naranja y revuelve la cáscara de naranja y una pizca de cayena con el hielo.

5. Vierte la mezcla del zumo de pomelo y la infusión herbal en un vaso y ¡disfruta de la bebida!

TÓNICO NÚMERO DOS

Sin duda una de las sensaciones que, desde el punto de vista físico, produce más satisfacción es lograr una completa depuración del intestino. Esta mezcla permite arrastrar todos los residuos acumulados en el tubo digestivo y ayuda a prevenir y solucionar el estancamiento intestinal.

Para 1 vaso

1/2 l de agua hirviendo
1 cucharadita de corteza de psyllium en polvo
2 cucharaditas de hoja de sen
1 cucharada de pasta de tamarindo
Agua tibia, en la cantidad necesaria
300 g de col rizada
Hielo
Miel o stevia para endulzar

Nota: Las hojas de sen suelen utilizarse en Centroamérica para aliviar el estreñimiento y los trastornos intestinales. La infusión depura el intestino, alivia los gases y reduce el estancamiento en los intestinos.

1. Agrega el agua caliente a la corteza de psyllium y la corteza de sen y deja que se asienten durante 15 minutos. Filtra los ingredientes vegetales y espera a que el líquido se atempere.

2. En un recipiente separado, mezcla el tamarindo y la suficiente agua tibia para diluirlo formando una pasta fluida. Añade progresivamente el agua, de modo que la pasta vaya poco a poco haciéndose más fluida.

3. Después de que se haya enfriado, introduce la infusión herbal en una batidora y agrega la col rizada y la preparación de tamarindo.

4. Añade el hielo y mezcla bien, agrega miel o stevia ajustándolo al grado de dulzor que prefieras.

5. Con toda seguridad, más pronto que tarde tendrás que ir al baño.

TONIFICANTE DEL ESTÓMAGO Y EL INTESTINO

El estómago tiene un revestimiento mucoso que lo protege de los ácidos y que favorece la absorción de minerales. A medida que dicho revestimiento se va dañando, más difícil resulta la absorción de los nutrientes que necesitamos para mantenernos. El reflujo ácido y las úlceras son ejemplos de las consecuencias de las alteraciones que el sistema digestivo puede experimentar como consecuencia de la afectación del revestimiento. Esta preparación ayuda a restablecer el pH del estómago y a reducir la inflamación digestiva.

Para 1 vaso

> 1 cucharada de polvo de olmo rojo americano
> 1 cucharadita de raíz de malvavisco
> 1 cucharada de hojas del alfalfa
> 1 cucharada de hojas de citronela
> Agua hirviendo, según sea necesaria
> 1 cucharadita de semillas de chía
> 2 cucharaditas de zumo de limón

1. En un frasco grande, combina el polvo de olmo y el de malvavisco con las hojas de alfalfa y citronela.

2. Vierte agua hirviendo sobre las hierbas y deja que la mezcla se asiente durante alrededor de 45 minutos, removiendo bien cada 10 minutos aproximadamente, a fin de que las hierbas activen. Utiliza manoplas protectoras para las manos cuando remuevas la mezcla.

3. Una vez que la mezcla se haya atemperado, añade las semillas de chía y el zumo de limón. Agita bien.

4. Toma la bebida tibia.

TÓNICO MADRE MINERALIZANTE

Este tónico favorece la rápida consecución de un estado de armonía en el estómago, el hígado y el riñón. Se trata de una combinación de efectos mineralizantes a nivel multiorgánico. Las raíces y hojas que incorpora son algunas de las más poderosas fuentes de hierro, potasio y ácido fólico.

Su uso diario mejora el estado del hígado y mejora la congestión de la vesícula biliar, fortalece la flora intestinal y proporciona un aporte diario esencial de vitaminas aportadas por las plantas medicinales.

Para 1 frasco de «tónico madre»

3 partes de bardana desecada
2 partes de raíz de uva de Oregón
    desecada
2 partes de raíz de diente de león
2 partes de raíz de malvavisco
    desecada
1 parte de hojas de alfalfa
Vodka o ron de 50°

1. Dispón las hierbas en un frasco de boca ancha, hasta llenar más o menos un tercio de su capacidad.

2. Cubre las hierbas de vodka o ron y déjalas en remojo para que se impregnen lentamente.

3. Presiona las plantas medicinales con la mano o con algún utensilio de cocina. Una pauta de aplicación general para determinar que las proporciones son las adecuadas es que queden de 3 a 5 centímetros de líquido sobre las hierbas. Si parecen aún algo secas se puede añadir algo más de líquido.

4. Para evitar la formación de óxido, recubre la boca del frasco con un paño fino o con papel film y cúbrela con una tapa.

5. Coloca el frasco en un lugar fresco y seco y deja pasar 3-4 semanas para que las plantas se maceren en el líquido. Agita el frasco en días alternos.

6. Cuela el líquido, pasándolo a otro frasco limpio, y presiona las plantas sobre un paño de malla fina. Continúa presionando hasta que las hierbas estén prácticamente secas.

7. Conserva el tónico en un lugar fresco y protegido de la exposición a la luz.

Dosis recomendada: 1-2 cucharaditas, 2 o 3 veces al día, o según se considere adecuado.

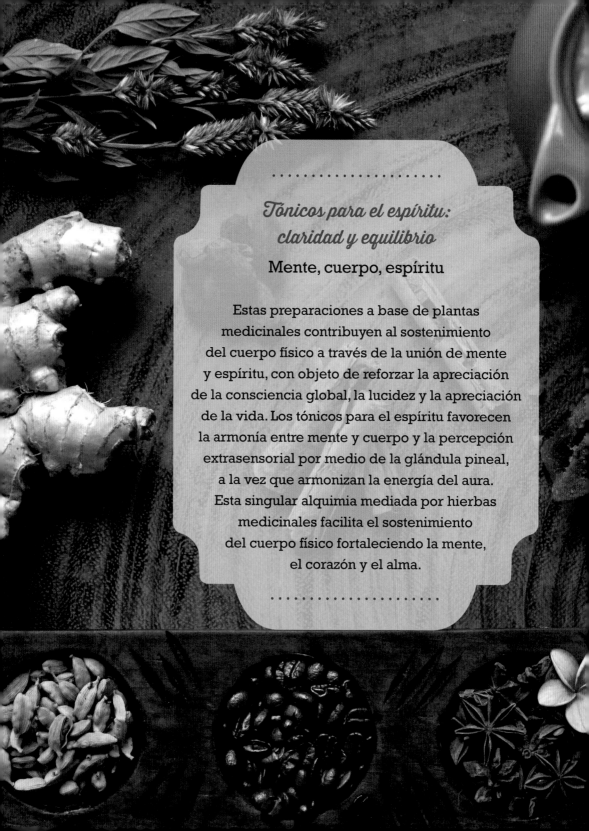

Tónicos para el espíritu: claridad y equilibrio

Mente, cuerpo, espíritu

Estas preparaciones a base de plantas
medicinales contribuyen al sostenimiento
del cuerpo físico a través de la unión de mente
y espíritu, con objeto de reforzar la apreciación
de la consciencia global, la lucidez y la apreciación
de la vida. Los tónicos para el espíritu favorecen
la armonía entre mente y cuerpo y la percepción
extrasensorial por medio de la glándula pineal,
a la vez que armonizan la energía del aura.
Esta singular alquimia mediada por hierbas
medicinales facilita el sostenimiento
del cuerpo físico fortaleciendo la mente,
el corazón y el alma.

MEDITACIÓN

Antes de entrar en la práctica de la meditación, puede resultar reconfortante sosegar la mente y el espíritu con una relajante infusión. Las plantas que componen esta preparación se han empleado tradicionalmente para invocar la presencia de un aura de tranquilidad y una atmósfera de bienestar.
Desde tiempos antiguos se han reconocido sus propiedades como tónicos para el cerebro y para la mente.

Para preparar una tetera

    1 cucharada de tulsí
    1 cucharada de escutelaria común (o cásida)
    1 cucharada de melisa
    350-400 ml de agua hirviendo

1. Incorpora las hierbas a una tetera o a una bolsa para té, vierte el agua hirviendo sobre ellas y deja infusionar durante 10 o 15 minutos. ¡Disfruta de la bebida!

Rayos alfa y rayos gamma

La meditación y los sueños tienen muchos aspectos en común. Ambos generan en el cerebro ondas alfa y rayos gamma. Cuando logramos activar estas ondas por medio de diferentes prácticas asociadas a la meditación, de manera automática ponemos en funcionamiento un elevado porcentaje de nuestra capacidad cerebral. Cuantas más veces percibamos la presencia de las ondas alfa y gamma a lo largo del día, mayores serán las probabilidades de que vivamos de manera natural una vida sana y, a largo plazo, una vida más prolongada. En esencia, puede afirmarse que cuanto más relajados nos encontremos, más felices seremos.

RENOVACIÓN DEL QI

Qi significa «energía». En su contexto original, la noción de qi no hace referencia a la simple energía. Se relaciona también con la fina red de interconexiones que conforman la energía sutil que pulsa a través de nuestro cuerpo, nuestra mente y nuestro espíritu para conformar un ser abocado al despertar. Esta preparación equilibra las glándulas suprarrenales, reduce la fatiga, potencia la energía global de cuerpo y mente y reconforta el espíritu.

Para preparar una tetera

> 100 g de semillas de cáñamo
> 400 ml de agua caliente, para uso dividido
> 1 cucharadita de polvo de bufera (o ashwagandha)
> 1 cucharadita de polvo de astrágalo (o huang qi)
> 1 cucharadita de polvo de maca
> Hojas de stevia u otro edulcorante a tu elección

1. En una batidora, procesa las semillas de sésamo con 100 ml de agua. Mezcla bien hasta obtener una masa de textura cremosa. puedes colarla y dejarla tal cual. Si prefieres que la bebida sea un poco menos densa, cuela la mezcla con un paño de malla fina.

2. En el resto del agua tibia, incorpora la bufera, el astrágalo y la maca, y mezcla bien.

3. Añade la leche de cáñamo recién preparada y un edulcorante a tu elección.

TÓNICO DEL TERCER OJO

En el antiguo Egipto la kava kava y el loto (o nenúfar) azul eran reverenciados como plantas que servían para invocar a los dioses. A lo largo de la historia, estas plantas se han utilizado de las más diversas formas, desde infusiones a fermentos o perfumes. Ambas contienen una serie de compuestos de potente efecto calmante y son conocidos por su capacidad para relajar el cuerpo y abrir la mente. Esta es una magnífica infusión para tomar antes de irse a la cama o, sencillamente, para encontrarse tranquilo y distendido en casa.

Para preparar una tetera

> 350-400 ml de agua hirviendo
> 1 cucharadita de polvo de kava kava
> 2 cucharadas de flores de loto azul
> 3 gotas de aceite esencial de manzanilla

1. En un cazo grande lleva el agua a ebullición. Calienta a fuego bajo la kava kava durante unos 30-45 minutos, hasta que un tercio del agua se haya evaporado.

2. Apaga el fuego y agrega al cazo un puñado de flores de loto. Deja que infusionen durante aproximadamente 5 minutos. Las flores son más sensibles que las raíces, por lo que conviene cerciorarse de que no se cuecen en exceso, pues pueden perder algunas de sus propiedades saludables.

3. Filtra las hierbas y añade el aceite esencial de manzanilla.

4. Agrega leche al gusto.

ELIXIR ANTÍDOTO CONTRA EL INSOMNIO

Este es un excelente tónico que conviene tener siempre a mano cuando se tienen problemas de insomnio. Es una preparación potente y eficaz que siempre resulta de utilidad en los periodos en los que se padece insomnio. Los ingredientes pueden prepararse tanto en forma de elixir como en infusión*. Conviene disponer siempre de este elixir, con independencia de que el insomnio se padezca con mayor o menor frecuencia.

Para preparar 1 elixir, dependiendo de las cantidades utilizadas

> 3 partes de escutelaria común (o cásida) desecada
> 3 partes de pasionaria desecada
> 2 partes de kava kava desecada
> 1 parte de melisa desecada
> Vodka o ron de 50°

---

* Las mismas proporciones de hierbas pueden emplearse para preparar una infusión en vez de un elixir. Basta con calentar 2 cucharadas de la mezcla de hierbas en medio litro de agua durante 20 minutos. Cuela la infusión, añade el edulcorante que prefieras y disfruta de la bebida.

1. Dispón las hierbas en un frasco de boca ancha, hasta llenar más o menos un tercio de su capacidad.

2. Cubre las hierbas de vodka o ron y déjalas en remojo para que se impregnen lentamente.

3. Presiona las plantas medicinales con la mano o con algún utensilio de cocina. Una pauta de aplicación general para determinar que las proporciones son las adecuadas es que queden de 3 a 5 centímetros de líquido sobre las hierbas. Si parecen aún algo secas se puede añadir algo más de líquido.

4. Para evitar la formación de óxido, recubre la boca del frasco con un paño fino o con papel film y cúbrela con una tapa.

5. Coloca el frasco en un lugar fresco y seco y deja pasar 3-4 semanas para que las plantas se maceren en el líquido. Agita el frasco en días alternos.

6. Cuela el líquido, pasándolo a otro frasco limpio, y presiona las plantas sobre un paño de malla fina. Continúa presionando hasta que las hierbas estén prácticamente secas.

7. Conserva el tónico en un lugar fresco y protegido de la exposición a la luz.

Dosis recomendada: Para el insomnio ocasional, 1 o 2 cucharadas. Para casos crónicos se puede aumentar la dosis según las necesidades.

CEREMONIA DEL TÉ DEL SUEÑO LÚCIDO

La lucidez del sueño es la consciencia de que se está soñando. Se trata de una práctica mística, referida desde tiempos inmemoriales, en la que la persona que sueña se mantiene despierta y aprende a controlar el sueño haciendo que el resultado del mismo sea el deseado. Las plantas utilizadas para elaborar esta infusión, ejercen un efecto de descompresión del sistema nervioso que proporciona una sensación sedante e induce una profunda relajación. Lograr el control de los sueños lúcidos es una práctica compleja que, sin embargo, puede alcanzar resultados significativos a base de intentarlo una y otra vez.

Para preparar una tetera

> 1 cucharadita de polvo de pasionaria
> 1 cucharadita de polvo de bufera (ashwagandha)
> 1 cucharadita de polvo de kava kava
> 1/2 cucharadita de polvo de valeriana
> Una pizca de hoja de artemisa
> 500-600 ml de agua
> 1 cucharadita de loto (o nenúfar) azul
> Hojas de stevia, miel u otro edulcorante

1. Agrega la pasionaria, la bufera, la kava kava, la valeriana y la artemisa a un cazo con agua y calienta durante aproximadamente 30 minutos.

2. Apaga el fuego y añade el loto azul.

3. Deja infusionar durante 12-20 minutos sin calor. Cuela las hierbas.

4. Añade unas pocas hojas de stevia a la preparación y mezcla bien. Un exceso de dulzor puede impedir que la infusión arroje los resultados deseados. Conviene mantener el nivel de edulcorante bajo, de modo que el vientre pueda relajarse.

Nota: esta preparación está inspirada en elaboraciones de los pueblos indígenas de Sudamérica que favorecen el «ensueño», es decir, el sueño lúcido. En numerosas tribus de la región amazónica peruana se toman infusiones de plantas que permiten controlar el sueño lúcido para evocar un profundo estado de videncia mientras se sueña. Los miembros de dichas tribus creen que las ondas alfa generadas durante el sueño emanan de la fuente en la que se halla el verdadero yo, de lo que en las corrientes místicas y esotéricas se conoce como tercer ojo.

TÓNICO MADRE PARA EL ESPÍRITU

Este tónico madre en una combinación de plantas desecadas que mejora las sensaciones de confianza, autoconciencia y agradecimiento. La mezcla equilibra el corazón y la mente, aportando una sutil aura de libertad y paz al cuerpo.

Para 1 frasco de «tónico madre»

>   2 partes de tulsí desecado
>   2 partes de centella asiática desecada
>   3 partes de loto (o nenúfar) azul desecado
>   3 partes de astrágalo (o huang qi) desecada
>   Vodka o ron de 50°

1. Dispón las hierbas en un frasco de boca ancha, hasta llenar más o menos un tercio de su capacidad.

2. Cubre las hierbas de vodka o ron y déjalas en remojo para que se impregnen lentamente.

3. Presiona las plantas medicinales con la mano o con algún utensilio de cocina. Una pauta de aplicación general para determinar que las proporciones son las adecuadas es que queden de 3 a 5 centímetros de líquido sobre las hierbas. Si parecen aún algo secas se puede añadir algo más de líquido.

4. Para evitar la formación de óxido, recubre la boca del frasco con un paño fino o con papel film y cúbrela con una tapa.

5. Coloca el frasco en un lugar fresco y seco y deja pasar 3-4 semanas para que las plantas se maceren en el líquido. Agita el frasco en días alternos.

6. Cuela el líquido, pasándolo a otro frasco limpio, y presiona las plantas sobre un paño de malla fina. Continúa presionando hasta que las hierbas estén prácticamente secas.

7. Conserva el tónico en un lugar fresco y protegido de la exposición a la luz.

Dosis recomendada: 1-2 cucharaditas, 2 o 3 veces al día, o según se considere adecuado.

PARTE TRES

Complementos esenciales

Sustitutos

La naturaleza nos ofrece los milagros de la variedad y la amplia disponibilidad de sus recursos. Siempre es posible reemplazar unas plantas por otras. En ocasiones ciertas especies generan efectos secundarios que no hay por qué experimentar o es posible que produzcan algún otro tipo de inconveniencias.

Es importante ser consciente de las proporciones que se deben utilizar y conviene leer toda la información relativa a cada una de las especies, bien en este libro o bien en otras fuentes apropiadas, considerando siempre la cantidad más adecuada para cada persona. Cuando se está tomando algún medicamento, cabe la posibilidad de que el uso de una determinada planta medicinal no sea compatible con él. El apartado dedicado a precauciones en las descripciones de las plantas de la siguiente sección ofrece información a este respecto. Si se padece alguna enfermedad crónica siempre es necesario consultar previamente con un profesional sanitario.

El uso de la práctica totalidad de las plantas citadas en este libro resulta absolutamente seguro para la mayoría de las personas. Las hemos seleccionado con todo cuidado, teniendo en cuenta que sean apropiadas para los diferentes tipos corporales y que sean fáciles de encontrar en tiendas de herboristería y fitoterapia. No obstante, conviene que las uses probando las dosis poco a poco, para que su efecto sea el deseado.

El siguiente cuadro incluye las plantas mencionadas en el libro y otras similares que pueden servir como sustitutos.

POSIBLES SUSTITUTOS DE LAS PLANTAS MEDICINALES

Planta	*Sustitutos*
Alfalfa	Aloe, trébol rojo, hojas de diente de león
Aloe	Barba de maíz, olmo rojo americano
Astrágalo	Mezquite, fo-ti
Bardana	Raíz de diente de león, raíz de uva de Oregón (o mahonia)

Planta	Sustitutos
Borraja	Hojas de diente de león
Bufera (o ashwagandha)	Maca, mezquite, astrágalo
Chaga	Reishi, otros hongos medicinales
Chancapiedra	Moringa, guanábana (o graviola)
Cola de caballo (o equiseto)	Consuelda
Cohosh negro (o cimífuga)	Angélica, ñame silvestre, vítex (o árbol casto)
Damiana	Muira puama, yohimbe
Dong quai	Ñame silvestre
Esquisandra	Mangostán
Gingko	Centella asiática, brahmi (o bacopa)
Hipérico (o hierba de san Juan)	Albizia, escutelaria común (o cásida)
Jergón sacha	Lapacho rosado (o pau d'arco)
Malvavisco	Olmo rojo americano, avena
Mangostán	Esquisandra, escaramujo (o rosa mosqueta)
Palmito silvestre (o sabal)	Semillas de papaya, yohimbe
Pasionaria	Escutelaria común (o cásida), loto (o nenúfar) azul
Sangre de drago	Lapacho rosado (o pau d'arco), jergón sacha
Sello de oro	Ginseng (americano o asiático)
Sen	Cáscara sagrada, corteza de *psyllium*
Suma (o ginseng brasileño)	Ginseng siberiano (o eleuterococo)
Uña de gato	Lapacho rosado (o pau d'arco), jergón sacha

Funciones de las superplantas medicinales

Ajo *(Allium sativum)*

Partes utilizadas: *bulbos*

Principales usos y atributos:

- Potente antiséptico interno y externo.
- Estimula el sistema inmunitario corporal.
- Conocido por favorecer la expulsión de los helmintos que parasitan el intestino.
- Ayuda a mantener las concentraciones de colesterol en niveles saludables y reduce la hipertensión.

Aloe vera *(Aloe vera)*

Partes utilizadas: *hojas frescas*

Principales usos y atributos:

- Como gel tópico para quemaduras, infecciones cutáneas y heridas.
- En el mundo de la cosmética, para productos aplicados a la piel o el pelo, por su naturaleza alcalina.
- Internamente, normaliza la digestión y alcaliniza todo el aparato digestivo.
- Contiene aloína, que actúa como protector solar natural bloqueando el 30% de los rayos ultravioleta.
- Efecto antivírico y utilizado para combatir los efectos secundarios de las enfermedades crónicas.

Precauciones: debe utilizarse con cautela cuando se bebe; en exceso puede provocar diarrea y calambres estomacales.

Astrágalo o huang qi *(Astragalus membranaceus)*

Partes utilizadas: *raíces*

Principales usos y atributos:

- Adaptógeno energizante conocido por restaurar y regenerar el *qi* y la energía inmunitarios.
- Actúa sobre los principales órganos internos, en especial sobre el bazo y los pulmones.
- Pronunciado efecto tónico utilizado en el tratamiento de enfermedades crónicas.
- Estimula la reconstitución de las reservas de médula ósea.
- Previene las enfermedades crónicas y las infecciones a largo plazo.
- Favorece la salud del aparato circulatorio y ayuda al cuerpo a recuperarse de la radioterapia.

Avellano de bruja o avellano de bruja de Virginia
(Hamamelis virginiana)

Partes utilizadas: *corteza*

Principales usos y atributos:

- Con la corteza de este árbol se elaboran preparaciones de aplicación externa, como un linimento astringente y una loción desinfectante y también astringente.
- Es un potente analgésico, con propiedades antioxidantes.
- Se cree que también actúa sobre el sistema venoso, limitando las hemorragias y reduciendo la inflamación.

Avena *(Avena sativa)*

Partes utilizadas: *brotes lechosos verdes, semillas y tallos*

Principales usos y atributos:

- Estupendo tónico nervioso con efectos cardiotónicos adicionales.
- Excelente fuente de alimento para personas sometidas a exceso de trabajo, estrés o ansiedad.
- Aporta energía mejorando el estado de salud general y la vitalidad.
- Con frecuencia se aplica a las alteraciones nerviosas y los estados de depresión, ansiedad y bajo nivel de vitalidad.
- Sus propiedades mucilaginosas naturales hacen de esta especie un recurso especialmente útil para restaurar el revestimiento intestinal y las vainas de mielina que recubren y protegen las fibras nerviosas.
- Es una de las mayores fuentes de magnesio en el mundo vegetal.

Bardana *(Arctium lappa)*

Partes utilizadas: *principalmente raíces y semillas, aunque las hojas pueden emplearse en aplicaciones externas*

Principales usos y atributos:

- Rica en vitaminas y minerales, con una abundante carga de hierro, magnesio, manganeso y tiamina.
- Utilizada principalmente para desintoxicar la piel (eccemas, psoriasis, acné, etc.) y el hígado.
- Refrigerante y alcalinizante de la sangre, es un excelente depurador de la misma.
- Favorece la función saludable del riñón y la excreción de ácido úrico del organismo.

Borraja *(Borrago officinalis)*

Partes utilizadas: *flores, hojas y semillas*

Principales usos y atributos:

- Conocida por aliviar la ansiedad y el estrés.
- Ayuda a elevar el estado de ánimo y alivia la depresión.
- En forma de aceite, constituye una excelente fuente de ácidos grasos omega-3 y esenciales.

Bufera o ashwagandha *(Withania somnifera)*

Partes utilizadas: *raíces*

Principales usos y atributos:

- Conocido como ginseng de la India.
- Ejerce un efecto calmante y energizante para el cuerpo.
- Aumenta la capacidad del cuerpo para adaptarse al estrés y resistirlo.
- Aumenta la memoria y activa la función cerebral.
- Conocido por restablecer el *qi* y la energía sexual.
- Potente adaptógeno, aminora la debilidad general, la tensión nerviosa, el estrés y la ansiedad. Infunde al cuerpo energía sostenible.

Precauciones: debe utilizarse con cautela ya que puede alterar la evolución de las enfermedades autoinmunes por estimular la actividad inmunitaria. Los pacientes con este tipo de enfermedades solo deben utilizar esta planta bajo estricta supervisión médica.

Caléndula *(Calendula officinalis)*

Partes utilizadas: *flores*

Principales usos y atributos:

- Conocido por su excelente efecto regenerador de la piel, favoreciendo la rápida reparación celular y cutánea.
- Actúa como antiséptico, impidiendo que las heridas se infecten.
- A menudo es de aplicación externa para tratar las equimosis, las quemaduras, las llagas, las molestias digestivas y las úlceras cutáneas.
- Promueve la reparación intestinal, previniendo el desarrollo de úlceras, el reflujo ácido, la indigestión y la diarrea.

Canela *(Cinnamomum zeylanicum)*

Partes utilizadas: *corteza y aceite esencial*

Principales usos y atributos:

- Reconfortante tónico digestivo con propiedades cardiotónicas.
- Ejerce una leve acción estimulante. Puede usarse para activar la circulación y atenuar los desequilibrios digestivos.
- Tiene propiedades antivíricas y antisépticas, por lo que se emplea contra las infecciones.

Cardo mariano *(Silybum marianum)*

Partes utilizadas: *semillas. Las hojas pueden comerse teniendo cuidado con las espìnas*

Principales usos y atributos:

- Activo antioxidante con poderosas propiedades desintoxicantes.
- Contribuye a expulsar los residuos tóxicos del organismo atenuando el estancamiento de los mismos en el hígado y la sangre.
- Ayuda a combatir los efectos perjudiciales de los radicales libres, contrarrestando los efectos de numerosas enfermedades relacionadas con la edad.
- Renueva las células hepáticas que han resultado lesionadas por hepatitis y otras enfermedades, exceso de comida o consumo abusivo de alcohol.
- Protege el hígado de los compuestos químicos perjudiciales.

Catuaba *(Erythroxyllum catuaba)*

Partes utilizadas: *corteza*

Principales usos y atributos:

- Especie conocida en el Amazonas por sus efectos afrodisíacos, considerada un estimulante de diversos sistemas.
- Alivia la ansiedad y estimula la confianza sexual.
- Se usa habitualmente para tratar la impotencia, la agitación, el nerviosismo, los dolores y la debilidad de origen nervioso, la falta de memoria y los olvidos frecuentes y la debilidad sexual.
- Actúa como excelente antivírico y antimicrobiano en general.

Centella asiática o gotu-kola *(Centella asiatica)*

Partes utilizadas: *hojas*

Principales usos y atributos:

- Hierba medicinal de excelentes efectos sobre el cerebro, que contribuye a corregir los desequilibrios en este órgano.
- Se recomienda para casos de pérdida de memoria. Aumenta la actividad mental y la capacidad de concentración.
- Se ha aplicado con resultados satisfactorios en programas de tratamiento de la epilepsia, las conductas esquizofrénicas y la enfermedad de Alzheimer.
- Sus efectos son magníficos en las preparaciones destinadas a combatir el estrés y el debilitamiento nervioso.

Chaga *(Actaea racemosa)*

Partes utilizadas: *hongo entero*

Principales usos y atributos:

- Importante potenciador del sistema inmunitario utilizado desde la antigüedad por pueblos asiáticos y europeos.
- Notable fuente de superóxido dismutasa (SOD), importante enzima de potente efecto antioxidante.
- La composición química del SOD desempeña una función antienvejecimiento esencial por medio de la neutralización de los radicales libres del oxígeno, que previene el daño oxidativo de las células y los tejidos.
- Hay estudios que indican que la chaga puede resultar beneficiosa como agente antitumoral.
- Es un destacado antioxidante, rico en fitonutrientes.

Chancapiedra *(Phyllanthus niruri)*

Partes utilizadas: *hojas y tallos*

Principales usos y atributos:

- Planta característica de las selvas tropicales conocida como «rompedora de piedras» o «desmenuzadora de piedras».
- Utilizada a lo largo de muchas generaciones en la región del Amazonas.
- Es notable su eficacia en la eliminación de cálculos biliares y renales.
- Se emplea para la depuración general del hígado y la purificación de la sangre.
- Notable tónico intestinal, alivia los dolores de estómago, favorece la expulsión de gases intestinales, estimula y facilita la digestión, contribuye a la expulsión de helmintos intestinales y ejerce una leve acción laxante.

Cohosh negro o cimífuga *(Actaea racemosa)*

Partes utilizadas: *raíces*

Principales usos y atributos:

- Regula y normaliza la producción de hormonas, y actúa como «fijador» de los estrógenos.
- Conocido como relajante del sistema nervioso y de los músculos.
- Excelente tónico uterino, aporta dosis suplementarias de minerales necesarios para el útero.
- Habitualmente utilizado en preparaciones destinadas a equilibrar la producción de hormonas, el favorecimiento de la salud general en la mujer y en la regulación de los trastornos de la menopausia.
- Recomendado para el alivio de las cefaleas y los espasmos musculares.

Precauciones: el cohosh negro no debe emplearse durante el embarazo, excepto para el nacimiento. En este contexto ha de usarse bajo estricta supervisión médica.

Consuelda *(Symphytum officinale)*

Partes utilizadas: *hojas y raíces*

Principales usos y atributos:

- Una de las mejores plantas medicinales para tratar los esguinces, los hematomas y las más diversas lesiones óseas y articulares.
- Alivia los espasmos musculares y articulares, favoreciendo la circulación en los tejidos blandos.

- Ejerce una notable acción de depuración hepática, aunque su uso excesivo puede sobrecargar el metabolismo.
- Excelente regenerador de la piel, favorece y activa la recuperación y la cicatrización del tejido dañado.
- Alivia la inflamación de los tejidos y regula la función hepática.

Cúrcuma *(Curcuma longa)*

Partes utilizadas: *raíces*

Principales usos y atributos:

- Están clínicamente demostrados sus notables efectos antiinflamatorios y antioxidantes y su abundante contenido en vitamina C.
- Tradicionalmente se ha venido utilizando como tónico cutáneo y para erradicar la inflamación de los tejidos blandos, los músculos y las articulaciones.
- Se emplea también como antitumoral, colagogo y depurativo (ayuda a eliminar los productos residuales y toxinas del organismo) y constituye uno de los pilares de la fitoterapia tradicional.
- Tiene notables propiedades diuréticas y de depuración renal y ayuda a desintoxicar el hígado y la vesícula biliar, además de aliviar las dolencias intestinales y de ser un excelente cicatrizante de heridas.

Damiana *(Turnera aphrodisiaca)*

Partes utilizadas: *Hojas*

Principales usos y atributos:

- Planta herbácea que estimula la función del sistema reproductor y aumenta la vitalidad sexual.
- En condiciones de agotamiento, revitaliza los nervios, el sistema reproductor y el estado de ánimo.
- Actúa como relajante y antidepresivo.
- Potencia el deseo y la capacidad sexual, favoreciendo cierto estado de euforia.
- Contribuye a aliviar la impotencia, la infertilidad, el agotamiento nervioso, la ansiedad, la ansiedad ante la disfunción sexual y otros factores inductores de depresión relacionados con cuestiones sexuales.

Diente de león *(Taraxacum officinale)*

Partes utilizadas: hojas, raíces y flores

Principales usos y atributos:

- Hierba de efecto restaurador y vigorizante de las funciones hepática e intestinal.
- Activa el flujo de bilis y depura el hígado, la vesícula biliar y la vena porta.
- Diurético de uso seguro, conocido por su efecto tonificante de los riñones y por contribuir sensiblemente a la eliminación de agua.
- Las hojas presentan un alto contenido de minerales como calcio, magnesio y hierro, además de vitaminas A y C.

Dong quai o angélica china *(Angelica sinensis)*

Partes utilizadas: raíces

Principales usos y atributos:

- Conocida como «el ginseng de la mujer».
- Su raíz ejerce un efecto fortalecedor y regulador del útero.
- Incrementa la riqueza en nutrientes de la sangre y ejerce un suave efecto depurador y estimulante del hígado.
- Contribuye a la regulación hepática y endocrina de la producción de hormonas.
- Se utiliza para tratar las irregularidades menstruales; estimula el sangrado menstrual.

Precauciones: no se recomienda su uso durante la menstruación o durante el embarazo. Si se ha estado tomando dong quai durante un periodo prolongado, es preciso interrumpir su consumo una semana antes del comienzo de la menstruación, reanudándolo una vez terminada esta.

Equinácea *(Echinacea angustifolia, E. purpurea, E. pallida)*

Partes utilizadas: raíces, hojas y flores

Principales usos y atributos:

- Excelente estimulante de la función inmunitaria, también actúa como descongestivo favoreciendo la descongestión de los senos nasales.
- Activa la función de los linfocitos T, por lo que refuerza la primera línea de defensa contra los resfriados, la gripe y otras muchas afecciones.
- Se utiliza para prevenir y tratar los resfriados, potenciando la generación de anticuerpos.

Escaramujo o rosa mosqueta *(Rosa canina y otras especies)*

Partes utilizadas: *principalmente semillas, pero también hojas y flores*

Principales usos y atributos:

- Contiene más vitamina C que la gran mayoría de las plantas medicinales.
- Conocido antioxidante que se aplica al tratamiento de numerosas dolencias.
- Se utiliza en cosmética por sus poderosas propiedades de regeneración del pelo y la piel.

Escutelaria común o cásida *(Scutellaria lateriflora)*

Partes utilizadas: *hojas*

Principales usos y atributos:

- Excelente y aromática planta relajante y analgésica.
- Se trata de una versátil nervina indicada para los trastornos del sistema nervioso, en especial para las cefaleas, los temblores de origen nervioso, el estrés, el insomnio y el agotamiento nerviosos.
- Se utiliza frecuentemente como analgésico, en particular contra el síndrome premenstrual y el dolor de la parte inferior del abdomen.

Esquisandra *(Schisandra chinensis)*

Partes utilizadas: *bayas*

Principales usos y atributos:

- Excelente planta adaptógena, conocida por su efecto de refuerzo del organismo, proporcionándole energía y aliviando los estados de estrés y enfermedad.
- Aumenta la resistencia y el vigor, fortalece el sistema inmunitario, estimula la función cardíaca y protege el hígado armonizando el sistema digestivo.
- A menudo se utiliza contra las dolencias pulmonares y respiratorias.
- Contiene los cinco sabores asociados a los cinco órganos principales de la medicina tradicional china.
- Ayuda a regular y equilibrar los principales sistemas hormonales.

Gingko *(Gingko biloba)*

Partes utilizadas: *hojas y frutos*

Principales usos y atributos:

- Potencia la memoria, la vitalidad y la circulación.
- Mejora la función del sistema circulatorio y la vasodilatación y aporta energía y efectos antiinflamatorios.
- Tradicionalmente se ha utilizado como tónico cerebral, para corregir las disfunciones de órganos como los ojos o los oídos.
- Actúa como potente antioxidante y es útil contra los radicales libres, que son átomos o moléculas que ejercen efectos perjudiciales sobre las células y aceleran el envejecimiento.
- Sirve como tónico cardíaco al aumentar la resistencia de las paredes de las arterias.
- Activa el flujo sanguíneo y favorece la oxigenación de la sangre en todo el cuerpo, lo que lo convierte en un excelente tónico favorecedor de la longevidad cuando se utiliza a diario.

Ginseng americano *(Panax quinquefolius)*

Partes utilizadas: *raíces*

Principales usos y atributos:

- Excelente adaptógeno fortalecedor de la función inmunitaria.
- Regula, nutre y conforta el sistema inmunitario.
- Es un potente tónico que equilibra las funciones de todo el organismo. Actúa sobre los cinco sistemas principales del cuerpo.
- Restablece la energía y repara las reservas de *qi* agotadas.
- Se emplea para tratar los estados de debilitamiento generalizado, aumenta la claridad mental y es una excelente fuente de vitaminas y minerales.

Ginseng asiático *(Panax ginseng)*

Partes utilizadas: *raíces*

Principales usos y atributos:

- Antiguo «curalotodo» conocido desde tiempos inmemoriales como excelente adaptógeno.
- Su gran poder adaptógeno hace que ayude al cuerpo a resistir ante una ingente variedad de enfermedades.

- Cuando se ha empleado durante un periodo de tiempo con regularidad, revitaliza y restaura la energía y es especialmente activo en el restablecimiento de la energía sexual.
- Excelente tónico para la función reproductiva, tanto en mujeres como en hombres.
- Rejuvenece el sistema nervioso en su conjunto, regenera el tejido de los nervios sobrecargados y combate las alteraciones del estado de ánimo y la depresión.

Goji, también conocido como Lycium o cauquí
(Lycium chinense)

Partes utilizadas: *bayas*

Principales usos y atributos:

- Las bayas de esta especie son conocidas por su efecto tónico favorecedor de la longevidad.
- Refuerzan la función renal y la mineralización de la sangre.
- Contribuyen a desintoxicar el hígado y a regular la función del bazo.
- También se emplean para mejorar la circulación y como tónico de la sangre.

Guanábana o graviola *(Annona muricata)*

Partes utilizadas: *hojas, corteza, frutos y semillas*

Principales usos y atributos:

- Tradicionalmente conocida por sus propiedades tónicas, tanto nutritivas como mineralizantes, del sistema digestivo.
- Se ha constatado que su composición química la dota de una potente acción anticancerosa y presenta una excepcional capacidad de recuperación de los efectos de la radiación.
- Las semillas machacadas se emplean para favorecer la eliminación de helmintos y otros parásitos.
- Previene las infecciones digestivas por diferentes tipos de bacterias.

Hibisco *(Hibiscus sabdariffa)*

Partes utilizadas: *flores y, en ocasiones, hojas*

Principales usos y atributos:

- Planta de elevado contenido en vitamina C y bioflavonoides.
- Excelente recurso astringente y diurético.
- Útil para el tratamiento de los resfriados y procesos gripales leves, los hematomas y la inflamación.
- Se emplea en formulaciones destinadas a quemar grasa y a perder peso.

Hinojo *(Foeniculum vulgare)*

Partes utilizadas: *principalmente semillas (las flores y las hojas también se utilizan)*

Principales usos y atributos:

- Eficaz ayuda de las funciones digestivas; facilita la expulsión de gases y alivia otros desequilibrios intestinales.
- Ejerce un notable efecto antiácido neutralizando el exceso de ácido en el estómago y los intestinos.
- Se sabe que aumenta el flujo de leche y que favorece el enriquecimiento de la misma en madres lactantes.

Hipérico o hierba de san Juan *(Hypericum perforatum)*

Partes utilizadas: *hojas y flores*

Principales usos y atributos:

- Utilizada tradicionalmente para tratar los síntomas de depresión y ansiedad.
- Su uso es un método clásico de reparación de las lesiones nerviosas, la depresión, los trastornos de la personalidad y otras alteraciones psicológicas.
- Contribuye a sanar el daño de las terminaciones nerviosas en quemaduras, neuralgias, heridas y traumatismos cutáneos.
- Alivia los síntomas de estrés, ansiedad, depresión y fatiga crónica; induce un incremento de las sensaciones de euforia y alegría.

Precauciones: cuando se están tomando antidepresivos o fármacos relacionados con la función nerviosa es importante consultar a un profesional, ya que el hipérico puede provocar interacciones perjudiciales. En tal caso ha de estarse especialmente atento y controlar las dosis de la planta que se toma.

Jengibre *(Zingiber officinale)*

Partes utilizadas: *raíces*

Principales usos y atributos:

- Esencial para el sistema digestivo; indispensable como planta favorecedora de la armonía corporal.
- Utilizado en las formulaciones para mantener el perfil de los sabores y para favorecer el efecto curativo de cualquier combinación de la que forme parte.
- Mejora la circulación en todas las principales áreas del cuerpo.
- Buen diaforético (favorecedor de la sudoración) que abre los poros de la piel y promueve la eliminación de toxinas a través del sudor.
- Mejora la digestión y ayuda al cuerpo a eliminar residuos.

Jergón sacha *(Dracontium lorotense)*

Partes utilizadas: *raíces*

Principales usos y atributos:

- Se toma para prevenir y tratar las infecciones víricas, las candidiasis y otras infecciones fúngicas.
- Especie conocida por sus efectos anticancerosos y por su potente acción antivírica.
- Alivia los problemas gastrointestinales, las hernias (como decocción aplicada por vía tópica), los temblores de las manos y las palpitaciones cardíacas, reforzando la función inmunitaria.

Kava kava *(Piper methysticum)*

Partes utilizadas: *raíces*

Principales usos y atributos:

- Relajante de todo el cuerpo, eleva el nivel de conciencia y hace que quien la toma se encuentre en un estado más lúcido.
- Por sus propiedades analgésicas alivia el dolor y ayuda a relajar la mente en situaciones de estrés.
- Contribuye a aliviar las consecuencias de los cuadros de estrés y ansiedad presentes durante periodos prolongados.

Lavanda *(Lavandula spp.)*

Partes utilizadas: *flores*

Principales usos y atributos:

- Las flores de lavanda se caracterizan por sus singulares propiedades relajantes.
- Actúa como antidepresivo de baja potencia y proporciona alivio a quienes suelen padecer dolores de cabeza.
- En combinación con la matricaria alivia las migrañas.
- Es uno de los mejores recursos utilizados en fitoterapia contra la tensión, el estrés y el insomnio.
- Su aceite esencial es un excelente antibacteriano y antivírico.

Malvavisco *(Althaea officinalis)*

Partes utilizadas: *principalmente raíces, aunque también las hojas y las flores resultan útiles*

Principales usos y atributos:

- Hierba medicinal rica en mucílago de efecto suavizante utilizada para reconstituir las paredes mucilaginosas del intestino.
- Compensa la acidez y se emplea en la prevención de úlceras.
- Habitualmente empleada para tratar el dolor de garganta, la diarrea, el estreñimiento y la inflamación de los bronquios.

Manzanilla o camomila *(Anthemis nobilis, Matricaria recutita)*

Partes utilizadas: *sobre todo flores, pero también las hojas son útiles*

Principales usos y atributos:

- La infusión de sus flores es un excelente medio para favorecer a diario la relajación y la armonía de la función digestiva.
- Se utiliza para tratar cólicos, el estrés nervioso, las infecciones, la acidez y los trastornos estomacales.
- Importante recurso antiinflamatorio.
- Una excelente infusión calmante que relaja el cuerpo, la mente y el espíritu.

Matricaria *(Tanacetum parthenium)*

Partes utilizadas: *hojas y flores*

Principales usos y atributos:

- Es popularmente conocida por prevenir y aliviar las cefaleas migrañosas y los dolores de cabeza en general. Su acción es similar a la del ácido acetilsalicílico, con efecto incluso mayor pero de desarrollo más lento.
- Ayuda a aliviar la inflamación en la parte superior del cuerpo y la tensión relacionada con el estrés.
- Inhibe la producción de prostaglandinas implicadas en procesos tales como la inflamación, la hinchazón o el síndrome premenstrual.

Melisa *(Melisa officinalis)*

Partes utilizadas: *hojas y flores*

Principales usos y atributos:

- Sus hojas inducen un efecto reconfortante y calmante por sus propiedades antisépticas.
- Ejerce un potente efecto antiespasmódico sobre el estómago y el sistema nervioso.
- Excelente remedio para los trastornos gástricos y el agotamiento generalizado.
- Habitualmente empleado como sedante leve para el insomnio.

Menta *(Mentha piperita)*

Partes utilizadas: *hojas y flores*

Principales usos y atributos:

- Hierba de aroma refrescante y poderosos efectos antimicrobianos.
- Suele utilizarse como complemento digestivo, hace que los procesos de la digestión fluyan con facilidad y suavizan la mucosa intestinal.

Moringa *(Moringa oleifera)*

Partes utilizadas: *habitualmente semillas y hojas*

Principales usos y atributos:

- Excelente fuente de nutrientes y potenciador natural de la energía.
- Las hojas ayudan a reducir la presión arterial.
- Agente multivitamínico natural; aporta 7 veces más vitamina C que las naranjas, 4 veces más calcio que la leche, 4 veces más vitamina A que las zanahorias, 3 veces más potasio que los plátanos y 2 veces más proteínas que el yogur.
- Se trata de una especie arbórea de milagrosos efectos energizantes y vigorizantes.

Muira puama *(Ptychopetalum olacoides, Liriosma ovata)*

Partes utilizadas: *corteza*

Principales usos y atributos:

- Planta empleada por sus manifiestos efectos afrodisíacos en Sudamérica.
- La toman quienes padecen impotencia y actividad sexual deprimida.
- Reconocido por su acción estimulante sexual, también acentúa las sensaciones de euforia y alegría.
- Su mecanismo de acción es hoy por hoy desconocido, aunque no parece tener efectos secundarios.
- Se emplea también en el tratamiento de la disentería, la diarrea y otros síntomas que requieren un potente efecto astringente.

Ñame silvestre *(Dioscorea villosa)*

Partes utilizadas: *rizomas y raíces*

Principales usos y atributos:

- Actúa como precursor hormonal, contribuyendo a mejorar la función del sistema reproductor tanto en hombres como en mujeres.
- Regula la menstruación y favorece la fertilidad.
- Sorprendentemente en ocasiones se incluye entre los medios naturales de control de la natalidad, cuando lo cierto es que fomenta la fertilidad.
- Los compuestos tónicos que contiene tonifican el hígado y aportan nutrientes a la sangre.
- El ñame silvestre es un excelente recurso para atenuar los calambres musculares, los cólicos y el dolor uterino.

Olmo rojo americano *(Ulmus fulva, U. rubra)*

Partes utilizadas: *corteza interna*

Principales usos y atributos:

- Una planta medicinal mucilaginosa de efecto calmante que alivia la inflamación relacionada con la mucosa intestinal.
- Se utiliza tanto interna como externamente.
- Resulta particularmente útil para las quemaduras, los dolores de garganta y los problemas digestivos, entre ellos la diarrea y el estreñimiento.
- Cuando se ingiere en diferentes preparaciones es un componente altamente nutritivo de notable efecto mineralizante y renovador de la flora intestinal.

Ortiga mayor *(Urtica dioica)*

Partes utilizadas: *hojas, semillas, raíces y brotes foliares tiernos*

Principales usos y atributos:

- Excelente tónico que se considera una auténtica fábrica de minerales; es rica en hierro, calcio, silicio, potasio, magnesio, manganesio, cinc y cromo.
- Fortalece y tonifica todos los sistemas del organismo. Es notoria su capacidad para restaurar la energía vital y para mineralizar la sangre.
- Potencia la función renal y eleva el estado de ánimo.
- Favorece la depuración del hígado.
- Ayuda a contrarrestar los desequilibrios hipoalérgicos y previene la rinitis alérgica o fiebre del heno.

Palmito silvestre *(Serenoa repens)*

Partes utilizadas: *bayas*

Principales usos y atributos:

- Uno de los mejores remedios naturales para la inflamación de la glándula prostática.
- Induce un efecto reconstituyente para las personas que están expuestas de forma continua a nerviosismo y estrés y que adolecen de falta de energía y de vitalidad.
- Es notable su capacidad como tónico prostático y sus propiedades de aporte de nutrientes a los riñones y la vejiga, mediadas por sus aceites esenciales y por el considerable aporte de vitaminas.

Pasionaria *(Passiflora incarnata)*

Partes utilizadas: *hojas y flores*

Principales usos y atributos:

- Planta de efectos calmantes y relajantes con un notable efecto de descompresión del sistema nervioso.
- Se utiliza en el tratamiento de la epilepsia, la ansiedad, el insomnio y los ataques de pánico.
- Es eficaz en el alivio de los dolores leves.
- Presenta pronunciados efectos antiespasmódicos, lo que hace que resulte útil en el tratamiento de cefaleas, calambres y espasmos musculares.
- También son conocidas sus propiedades de inducción del sueño.
- Es uno de los mejores recursos de fitoterapia para abordar el estrés, la ansiedad y la depresión.

Pimienta de Cayena o pimienta roja *(Capsicum annuum)*

Partes utilizadas: *frutos*

Principales usos y atributos:

- Potente cardiotónico.
- Exquisito aditivo picante para cualquier comida. Un pequeño trozo de una de sus bayas tiene un duradero efecto antiséptico y favorecedor de la circulación en el cuerpo.
- Estimula el sistema de defensas naturales del cuerpo y refuerza el sistema digestivo.
- Es un magnífico tónico cardíaco que incrementa las pulsaciones y tonifica el músculo cardíaco.
- Previene la congestión y el estreñimiento.

Precauciones: *debe utilizarse con cautela por su sabor picante. Una cantidad apenas superior a una pizca de cayena en polvo puede resultar irritante para el sistema digestivo.*

Regaliz *(Glycyrrhiza glabra)*

Partes utilizadas: *raíces*

Principales usos y atributos:

- Notable tónico para el sistema endocrino.
- Particularmente eficaz contra la fatiga suprarrenal.
- Antidepresivo y regulador digestivo natural.
- Aplicado con profusión contra las alteraciones del aparato respiratorio. Se emplea como suave demulcente (relajante y protector a nivel local) y antiinflamatorio en las dolencias respiratorias.

Romero *(Rosmarinus officinalis)*

Partes utilizadas: *hojas*

Principales usos y atributos:

- Es tradicional su uso para reforzar la memoria.
- Ejerce un efecto tónico sobre el sistema nervioso.
- Refuerza la función cardíaca y reduce los niveles de presión arterial.

Sangre de drago *(Croton lechleri)*

Partes utilizadas: *resina y corteza del árbol*

Principales usos y atributos:

- Del tronco de este árbol se obtiene una resina que se aplica sobre las heridas para restañar las hemorragias.
- Acelera la cicatrización.
- Actúa a modo de vendaje interno y externo, previniendo el sangrado y las hemorragias. Las tribus indígenas y las poblaciones locales de Perú han venido utilizando tradicionalmente esta resina en aplicaciones externas para heridas, fracturas y para tratar las hemorroides e, internamente, para las úlceras intestinales y gástricas.
- Otros pueblos indígenas utilizan la planta por sus propiedades antitumorales y digestivas.

Sen (Cassia angustifolia)

Partes utilizadas: hojas y vainas

Principales usos y atributos:

- Laxante común y muy utilizado en medicina natural.
- Empleado en la medicina ayurvédica para tratar problemas hepáticos, cutáneos y respiratorios.
- Elimina del intestino el exceso de residuos acumulados y depura todo el sistema digestivo.

Precauciones: el sen no está indicado para su uso durante periodos prolongados, ya que debilita los intestinos y crea dependencia, si bien es muy útil en los casos agudos de estreñimiento.

Stevia (Stevia rebaudiana)

Partes utilizadas: hojas

Principales usos y atributos:

- Es más dulce que el azúcar, pero mucho más saludable; carece de calorías y no aumenta la propensión a la caries.
- Se emplea para tratar los desequilibrios pancreáticos y las concentraciones de glucosa en sangre elevadas.
- Es un tipo de edulcorante bien tolerado por los diabéticos.
- La stevia se ha empleado como complemento en el tratamiento de la diabetes y otros desequilibrios relacionados con el metabolismo de los azúcares.

Uña de gato (Uncaria tomentosa)

Partes utilizadas: corteza interna

Principales usos y atributos:

- Potente tónico de efectos intensos sobre el sistema inmunitario.
- Repara las células y activa la producción de glóbulos blancos.
- Se emplea para tratar alteraciones inmunitarias, gastritis, úlceras, cáncer, artritis, reumatismo, trastornos reumáticos, neuralgias y cuadros de inflamación crónica de todo tipo.
- Depura todo el conducto intestinal y es eficaz en el tratamiento de los trastornos digestivos.

- Potente estimulante inmunitario. Contribuye a prevenir los accidentes cerebrovasculares y los ataques cardíacos, reduce la formación de coágulos sanguíneos y se emplea como tratamiento de la diverticulitis y el síndrome del intestino irritable.

Precauciones: no debe utilizarse antes o despúes del trasplante de un órgano o de médula ósea, puesto que potencia el sistema inmunitario. Es posible que tenga un leve efecto espesante de la sangre.

Uva de Oregón o mahonia *(Mahonia aquifolium)*

Partes utilizadas: *raíces*

Principales usos y atributos:

- Las raíces de esta especie contienen berberina, compuesto conocido por sus notables propiedades antiinflamatorias y antisépticas.
- Es un potente antivírico.
- Excelente recurso para combatir las infecciones y para la depuración tópica de la piel, lo que la hace particularmente apropiada para tratar alteraciones tales como el acné, los eccemas y la psoriasis.
- Excelente reconstituyente de la sangre. Favorece la depuración y la eliminación de metales pesados del hígado y de la vesícula biliar.

Valeriana *(Valeriana officinalis)*

Partes utilizadas: *raíces*

Principales usos y atributos:

- Es una planta considerada como un importante sedante.
- Ejerce un notable efecto de alivio del estrés y de los trastornos del sistema nervioso.
- Ejerce potentes efectos tónicos sobre el corazón y, a menudo, se recomienda su uso combinado con plantas que actúan sobre la circulación sanguínea para potenciar su acción.

Yohimbe *(Pausinystalia yohimbe, Corinanthe yohimbe)*

Partes utilizadas: *virutas del interior de la corteza*

Principales usos y atributos:

- Potente afrodisíaco y estimulante sexual.
- Estimula el flujo de sangre a los órganos reproductores, particularmente al pene.
- El clorhidrato de yohimbina, producto comercializado por las empresas farmacéuticas, es el principio activo de un fármaco dispensado con receta utilizado para tratar la disfunción eréctil. También puede utilizarse, con las debidas precauciones, para aumentar la libido.

Precauciones: *las preparaciones con la corteza de este árbol deben emplearse con cautela, ya que su sobreutilización y las dosis elevadas pueden ser perjudiciales. Conviene consultar con un profesional sanitario.*

¿Dónde encontrar los ingredientes?

La búsqueda de ingredientes es una continua aventura. Nosotros somos el tipo de personas que nunca dejamos de buscar nuevas regiones y nuevos agricultores que se dediquen al cultivo ecológico de plantas y alimentos de efectos medicinales. A veces tenemos problemas para encontrar algunos ingredientes, cuando la cosecha de estos se realiza para una sola temporada, o cuando estamos de viaje y no nos resulta fácil llevar con nosotros esos ingredientes, o cuando los comercios en los que solemos abastecernos de ello no tienen lo que buscamos. Al adquirir los superalimentos es importante tener en cuenta una serie de puntos clave.

LO FRESCO ES SIEMPRE LO MEJOR

Con independencia del producto del que se trate, lo fresco es siempre preferible. No te preocupes si no consigues encontrar un determinado ingrediente o si su precio es excesivo. Siempre hay alternativas. Los ingredientes frescos adquiridos en un mercado o comercio local siempre serán 10 veces más saludables que los productos importados desde el otro extremo del mundo. Por supuesto, hay especies vegetales raras que solo crecen en las selvas tropicales y el hecho de que podamos adquirirlas en herboristerías y tiendas similares es una suerte y, a veces, un verdadero milagro. No se trata de desaprovechar las oportunidades que nos ofrece la vida actual. Sin embargo también es esencial recurrir, siempre que sea posible, a los productos de temporada que se comercializan frescos o que simplemente crecen en el ámbito local. A veces es sorprendente todo lo que nos ofrece aquello que constituye nuestro entorno más próximo.

LA IMPORTANCIA DE LOS MERCADOS DE PRODUCTOS AGRÍCOLAS LOCALES

En ocasiones en estos mercados podrás encontrar un agricultor que cultive precisamente la especie vegetal que tanto tiempo llevas buscando. La mayoría de los mercados hortícolas ofrecen la posibilidad de adquirir plantas medicinales de uso común, tales como lavanda, menta, salvia, romero, orégano, tomillo y tantas otras. Otro tanto sucede con los hongos. En esos mercados pueden encontrarse gírgolas, colas de pavo, maitake, shiitake, champiñones y, según la zona, también otros hongos, como el reishi, la chaga, la melena de león, etc. Tanto las plantas como los hongos deben adquirirse frescos siempre que sea posible. Conviene preguntar a los agricultores por otras variedades de plantas medicinales. Es posible que dispongan de otras especies interesantes o, incluso, que puedan cultivar algunas especies determinadas si así se lo solicitas.

SIEMPRE PRODUCTOS ORGÁNICOS Y SOSTENIBLES

En nuestros días lo orgánico no es a menudo tan orgánico como debiera. Algunos agricultores no cuentan con la certificación de cultivo orgánico, auque a veces ofrecen productos de calidad ricos en nutrientes. Consulta a los propios agricultores o al responsable de la tienda en la que suelas abastecerte de estos productos. Son muchas las personas que buscan plantas y hierbas de la mayor pureza posible. Pregunta por los métodos que se utilizan para cultivar las plantas medicinales. En Latinoamérica por ejemplo, en especial en lo que respecta a las hierbas medicinales, es muy habitual su recolección en el medio silvestre. Es común que las familias que viven cerca de los bosques tropicales recolecten lo que encuentran para venderlo en el mercado.

RECOLECTA LAS PLANTAS MEDICINALES QUE CRECEN A TU ALREDEDOR

La recolección de plantas silvestres es toda una forma de vida. No importa dónde vivas o a qué te dediques, siempre habrá un lugar cercano en el que se puedan encontrar plantas medicinales en estado silvestre. Busca algún sendero alejado de autopistas y carreteras y o de zonas en las que se hayan vertido residuos y ve recogiendo las plantas y hierbas que encuentres. Sin duda muchas de ellas tendrán efectos medicinales. Hay muchas guías que sirven para identificar las distintas especies. Hazte con una en la que aparezcan las plantas del entorno en el que vives y aprende a conocer las características de cada una. Es fácil llegar a ser un experto.

EXPLORA LOS MERCADOS DE PRODUCTOS ORGÁNICOS ONLINE

Hay estupendas páginas de Internet en las que se puede encontrar la más amplia variedad de productos de fitoterapia y superplantas medicinales, realmente orgánicos, de comercio justo y biodinámicos. Recomiendo investigar cuáles son los sitios que mejor se ajustan a nuestros intereses, intentando conocer qué métodos utiliza cada uno de ellos para elaborar sus productos. En la sección de *Recursos* aparecen algunos de nuestros sitios favoritos.

Recursos

UTENSILIOS DE COCINA

Amazon
www.amazon.com
En Amazon es posible encontrar todo tipo de utensilios e ingredientes no perecederos; cabe citar, entre otros, bolsas para preparar leche de frutos secos, paños de malla fina, cucharas mezcladoras, repuestos para licuadoras y muchos más.

Breville
www.brevilleusa.com
Equipamiento de cocina de alta calidad.

Champion Juicer
www.championjuicer.com
La mejor licuadora de prensado en frío.

Norwalk Juicer
www.norwalkjuicers.com
La mejor licuadora de prensado en frío de uso doméstico.

Specialty Bottle
www.specialtybottle.com
Envases, frascos y botellas para envasar extractos vegetales.

Vitamix
www.vitamix.com
Batidoras de la máxima calidad.

PLANTAS MEDICINALES Y TÓNICOS

Healing Spirits Herb Farm and Education Center

www.healingspiritsherbfarm.com

Uno de los mejores lugares en los que obtener hierbas medicinales recogidas en la naturaleza o cultivadas en condiciones de cultivo orgánico.

Herbs Frontier Natural Products Co-op

www.frontiercoop.com

Proveedor de gran variedad de hierbas medicinales y productos naturales.

Horizon Herbs

www.strictlymedicinalseeds.com

La mejor fuente de semillas de plantas medicinales.

Monterey Spice Co.

www.herbco.com

Empresa de fitoterapia que ofrece lotes de plantas medicinales a granel.

Mountain Rose Herbs

www.mountainroseherbs.com

Empresa de fitoterapia y alimentación orgánica que ofrece alimentos orgánicos, veganos y kosher, hierbas medicinales de comercio justo y otros productos de fitoterapia.

StarWest Botanicals (antes Trinity Herbs)

www.starwest-botanicals.com

Plantas medicinales a granel.

TropiLab

www.tropilab.com

Exportador y vendedor al por mayor de plantas medicinales, semillas tropicales y flores cortadas de la región amazónica, con sede en Surinam.

Wild Weeds

www.wildweeds.com

Plantas medicinales y productos de cosmética de desarrollo orgánico.

Zack Woods Herb Farm

www.zackwoodsherbs.com

Empresa que poseen y gestionan la hija de Rosemary Gladstar, Melanie, y su esposo, Jeff, Zach Woods suministra algunas de las mejores hierbas desecadas de desarrollo orgánico que pueden encontrarse.

PRODUCTOS HERBALES

Anima Mundi Herbals
www.animamundiherbals.com
Farmacia natural de los bosques tropicales creada por Adriana Ayales, que ofrece tónicos, elixires y preparaciones de superalimentos, con todo su poder curativo.

Avena Botanicals
www.avenabotanicals.com
Ofrece una amplia variedad de productos herbales de origen orgánico.

Blue Bonnet Nutrition
www.bluebonnetnutrition.com
Amplia oferta de suplementos nutricionales, aceites y cápsulas herbales.

Floracopeia
www.floracopeia.com
Extraordinaria colección de aceites esenciales, productos para infusiones y esencias florales.

Herbalist and Alchemist
www.herbalist-alchemist.com
Completa línea de hierbas medicinales y preparaciones, tanto de origen occidental como procedentes de China.

Herb Pharm
www.herb-pharm.com
Completa línea de extractos herbales de alta calidad.

Host Defense
www.hostdefense.com
Compañía fundada por Paul Stamets que ofrece suplementos naturales a base de hongos.

Sambazon
www.sambazon.com
Amplia oferta de frutas y frutos de las plantas de las selvas tropicales congeladas, como asaí, acerola, camu camu o capuaca.

Referencias

BERYL, Paul: *A Compendium of Herbal Magick,* Phoenix Publishing, Custer, WA: 1998.

CECH, Richo: *Making Plant Medicine,* 3rd ed., Horizon Herbs, Williams, OR: 2014.

COUSENS, Gabriel: *Spiritual Nutrition,* North Atlantic Books, Berkeley, CA: 1987, 2005.

— *There is a Cure for Diabetes,* North Atlantic Books, Berkeley, CA: 2008.

GLADSTAR, Rosemary: *Herbal Recipes for Vibrant Health,* Storey Publishing, North Adams, MA: 2010.

— *Medicinal Herbs,* Storey Publishing, North Adam, MA: 2012.

GREEN, James: *The Herbal Medicine-Maker's Handbook: A Home Manual,* Crossing Press, Berkeley, CA: 2011.

GRIEVE, Margaret: *A Modern Herbal,* Volume 1 &' II, Dover Publications, Nueva York: 1971.

GURUDAS: *Gem Elixirs and Vibrational Healing,* Volume 1 &' II. 1st ed., Cassandra Press, San Rafael, CA: 1986.

— *Spiritual Properties of Herbs,* Cassandra Press, San Rafael, CA: 1988.

HOFFMAN, David: *Medical Herbalism,* Healing Arts Press, Rochester, VT: 2003.

LAD, Vasant: *Ayurveda: The Science of Self-Healing,* Lotus Press, Twin Lakes, WI: 1984.

LAD, Vasant, y David FRAWLEY: *Yoga of Herbs,* Lotus Press, Santa Fe: 1986.

TAYLOR, Leslie: *The Healing Power of Rainforest Herbs,* Square One Publishers, Garden City Park, NY: 2005.

TIERRA, Michael: *The Way of Herbs,* Washington Square Press, NuevaYork: 1983.

WIGMORE, Ann: *The Hippocrates Diet and Health Program,* Avery Publishing, Nueva York: 1983.

WINSTON, David: *Adaptogens: Herbs for Strength, Stamina, and Stress Relief,* Healing Arts Press, Rochester, VT: 2010.

WOLFE, David: *Eatingfor Beauty,* North Atlantic Books, Berkeley, CA: 2007.

— *Supeifoods: The Food and Medicine of the Future,* North Atlantic Books, Berkeley, CA: 2009.

WOOD, Mathew: *The Book of Herbal Wisdom: Using Plants as Medicines,* North Atlantic Books, Berkeley, CA: 1997.

Recursos de Internet

American Indian Ethnobotany Database
http://herb.umd.umich.edu
Base de datos sobre alimentos, fármacos, tintes y fibras de origen vegetal utilizados por los indios nativos de Norteamérica.

HerbMed Database
www.herbmed.org
Base de datos online sobre plantas medicinales que ofrece enlaces a las fuentes científicas que avalan el uso de las hierbas medicinales en terapéutica. Se trata de una fuente de información basada en la evidencia, destinada a profesionales, investigadores y al público en general.

Leslie Taylor Raintree Database
www.rain-tree.com/plist.htm#.Vj5WMc4y-qA
Completa y sólidamente fundamentada base de datos sobre las hierbas de las selvas tropicales de uso más común, elaborada por una de las mayores especialistas en fitoterapia con hierbas de los bosques tropicales.

PubMed
www.ncbi.nlm.nih.gov/pubmed
Interfase de consulta de la Biblioteca Nacional de Medicina de Estados Unidos, que permite el acceso a 10 millones de referencias bibliográficas que integran Medline, Pre-Medline y otras bases de datos del ámbito médico

Agradecimientos

Me siento increíblemente afortunada por contar con la colaboración de tantas personas ingeniosas, creativas y llenas de energía.

Deseo expresar el mayor de los agradecimientos a Jennifer Harter, por dar vida a este libro con sus maravillosas fotografías. Aprecio muchísimo el tiempo que he compartido con ella y su entrega en la preparación de las ilustraciones, la disposición de los alimentos y los retoques de las imágenes.

El apoyo de mi maravillosa familia ha sido fundamental y me ha insuflado un auténtico y creativo soplo de vida. Gracias a ellos he podido superar todos los obstáculos y conseguir mi sueño. Un agradecimiento especial a mi madre, que siempre creyó en él desde que yo era muy joven.

Gracias también a mi pareja, que me prestó todo su apoyo durante las largas horas de escritura, de creación de mi blog y de elaboración, prueba y comprobación de las diferentes preparaciones medicinales. Gracias por tu ayuda en las mezclas de los tónicos y en su elaboración para que los efectos medicinales fueran óptimos; eres sencillamente el mejor.

He de expresar asimismo mi gratitud al equipo de Sterling Publishing por hacer que este extraordinario proyecto saliera adelante. Una increíble nueva forma de vida ha sido posible gracias a vosotros. Se trata sin duda de la primera de muchas otras obras que están por venir.

Sobre la autora

Adriana Ayales es una costarricense apasionada por recuperar los secretos de los ancestrales conocimientos botánicos. Desde muy joven se dedicó al estudio de las plantas y de sus efectos curativos. Sus conocimientos integran en un único corpus las tradiciones de la botánica de las selvas tropicales y las de la alquimia europea clásica. Es especialista en aunar las cosmologías curativas de la medicina indígena y los conocimientos de la medicina occidental. Sus preparaciones incorporan plantas medicinales orgánicas, de efectos biodinámicos, procedentes de los lugares del planeta en los que aún prevalece la pureza. En la actualidad vive en la ciudad de Nueva York.

Índice temático

Los números de página en cursiva hacen referencia a ilustraciones.